AF561785

Tomo Mirko Pavlović

Lesereise Kroatien

Tomo Mirko Pavlović

Lesereise Kroatien

Tausend Inseln und ein unentdecktes Hinterland

Picus Verlag Wien

umfassend überarbeitete Neuausgabe der Fassung von 2009

Grafische Gestaltung: Dorothea Löcker, Wien
Umschlagabbildung: © MarkGillow / iStockphoto
Druck und Verarbeitung:
EuroPB, s.r.o., Tschechische Republik
ISBN 978-3-7117-1105-2

Informationen über das aktuelle Programm
des Picus Verlags und Veranstaltungen unter
www.picus.at

Inhalt

Eine Pendelbewegung

Zagreb und sein westliches Hinterland

Ein eisiger Dezembermorgen. Der Tag ist noch müde. Das Licht so zaghaft, die Hauptstadt fern. Als hätte jemand Kokosraspeln verstreut, erhellt Raureif die braun-weiße Ebene. Die Heizung im Zugabteil föhnt gegen die Fußknöchel bis zu den schwitzenden Kniekehlen hinauf. Gegenüber zwei Männer, um die vierzig, auf den Schuhen die nun getrocknete Erde der Provinz, Fingerkuppen platt wie faltige Feigen. »Ich weiß nicht, was mit der Welt los ist«, murmelt der eine und kratzt sich die Bartstoppeln. »Janko, zum Teufel, was soll das Jammern, du hast die Baustellen in Deutschland, du verdienst jede Saison gut, jeden Sommer.« – »Vergiss die Deutschen. Früher haben sie achtzehn die Stunde bezahlt, jetzt nur noch dreizehn Mark, nicht Euro, lieber Ivan. Sogar wir Kroaten sind ihnen zu teuer. Pihhh.« Dann folgen ihre Augen dem Flüsschen Krapina unweit des Bahndamms, der bald im Savestrom verschwinden wird. »Und nun?«, fragt Ivan. »Apfelessig. Ich mach in Apfelessig. Der geht immer besser. Ist ökologisch. Alles ist heute bio. Auch die *šljivovica*, fünfzig Kuna für den Liter zahlen sie in Zagreb.« – »Der Schnaps«, antwortet Ivan, »ist ja auch bio.« Dann versinkt das Abteil in dösiger Melancholie und der altersschwache Zug fährt keine Stunde später in den Hauptbahnhof ein.

Kein Zweifel: Das ist die Zentrale, die wahre Mitte des Landes, der Puls des jungen Staates. Auf dem Vorplatz des Bahnhofs weht ein Hauch von Kakanien herüber, von den Fassaden in Ockergelb, aus den kahlen Platanen aus dem 19. Jahrhundert. Altwien lässt schön grüßen. Die alte feine Dame Zagreb rümpft noch ein bisschen die Nase über die provinziellen Neuankömmlinge, aber das ist nur Show: In einem Winkel ihres Herzens ist auch sie eine herzensgute Bäuerin, die genau weiß, ohne die täglich eintrudelnden Ivans und Jankos könnte sie nur halb so eitel tun.

Zagreb ist längst wach. Studenten aus den Vororten schleichen zur ersten Vorlesung, alte Mütterchen mit überquellenden Körben zum Marktplatz, dem Dolac. Auch Janko und Ivan versuchen dort ihr Glück. Roma-Mädchen betteln, verdrehen ihre Arme. Die *Ćevapčići*-Pizza-Burek-Schnellrestaurants unterhalb vom Dolac durchzieht ein strenges Sauerkrautaroma, das den Eimern der Bauern entweicht – im Winter wird *sarma* gekocht, Krautwickel mit einer würzigen Reisfleischfüllung.

Gediegener geht es am Jelačić-Platz zu, in der Gradska Kavana, einem jener Kaffeehäuser, das in nostalgischer Anwandlung restauriert wurde und wo traditionell die älteren Bürger der Mittelschicht sitzen. Sie warten wie das Inventar einer vergessenen Epoche, die Männer herausgeputzt mit Binder und Jackett, die Damen im Kostüm, penibel frisiert. Die Provinz hat man draußen stehen lassen, Typen wie den Apfelessigverkäufer aus dem nördlich gelegenen Zagorje, einer hügeligen Landschaft, die im Sommer an eine wilde Schwester der Toskana erinnert und die auch Heimat eines gewissen Josip Broz mit dem Beinamen Tito war.

Touristen gibt es in der Gradska Kavana wenige. Die Atmosphäre ist gesetzt. Rauchgeschwängert. Durch die großen Fensterscheiben erblickt man konsumfreudige Menschen, die teure Boutiquen betreten. Die Preise haben Weststandard, das Problem ist nur, dass das Durchschnittseinkommen eines Zagrebers bei siebentausendfünfhundert Kuna liegt, also kaum tausend Euro. Die Kroaten müssen Lebenskünstler sein, wenn sie nicht zu den ergrauten Kriegsprofiteuren gehören, oder *tajkuni* sind, von höheren Mächten protegierte Superreiche.

Zagreb an einem eisigen Dezembermorgen. Im neunundzwanzigsten Jahr der Loslösung von Jugoslawien. Eine Generation junger Kroaten ist herangewachsen, die den ehemaligen Vielvölkerstaat nur noch aus den Erzählungen der Eltern und den Geschichtsbüchern kennt. Doch die Wunden der schmerzhaften Trennung sind immer noch nicht verheilt. Die Zeitungen berichten seit Wochen von der bevorstehenden Übernahme der Ratspräsidentschaft in der Europäischen Union, auch wenn die Bürger Umfragen zufolge an anderen Themen interessierter sind. Die Begeisterung für den Beitritt Kroatiens zur EU ist mittlerweile verflogen. Man hatte sich viel mehr versprochen, vor allem mehr Wohlstand und Arbeitsplätze für die jungen

Menschen. Zwar gibt es keine exakten Angaben, jedoch wird geschätzt, dass allein in den vergangenen fünf Jahren fast dreihunderttausend Kroaten in die weiteren EU-Mitgliedsstaaten emigrierten, als häufigster Grund wird nach einer repräsentativen Studie der Zagreber Philosophischen Fakultät die wirtschaftliche Situation und der Arbeitsmarkt genannt. Sechsunddreißig Prozent der Befragten, in der Mehrheit Akademiker, verließen die Heimat wegen des gesellschaftlichen Klimas oder nannten die Korruption als Grund für die Abwanderung.

Und bei denen, die bleiben, liegt der Euroskeptizismus im Trend, was allerdings in anderen osteuropäischen Mitgliedsländern der EU auch keine Seltenheit ist. In Kroatien sind es die Veteranen, die katholische Kirche und Altkommunisten, die lieber heute als morgen das Rad der Liberalisierung zurückdrehen würden. Deshalb verwundert es auch nicht, dass bei der ersten Runde der Präsidentschaftswahlen Ende 2019 der rechtsnationalistische Sänger, Geschäftsmann und Überraschungskandidat Miroslav Škoro annähernd fünfundzwanzig Prozent der Stimmen erhielt. Ein Denkzettel für Europa! Der Sozialdemokrat Zoran Milanović wiederum verspricht im Wahlkampf »Normalität« angesichts der von der politischen Rechten angestachelten »Scheindebatten« über die Historie. Kroatien müsse, so Milanović, den Krieg gegen Serbien endlich hinter sich lassen.

Der Dunst gibt der Sonne keine Chance, nimmt einem jede Sicht auf das Medvednica-Gebirge, in dessen Ausläufer sich die Stadt wie eine dicke

Katze schmiegt. Zagreb, Kapitale Kroatiens, achthunderttausend Einwohner, eine – so ein Reiseführer – »der jüngsten Metropolen der Welt«. Anders gesagt: noch nicht erwachsen. Dabei kam es schon 1850 zum Zusammenschluss der beiden Hügelsiedlungen Kaptol und Gradec zur Stadt Zagreb. Zur Ebene hin, wo heute die Bahnlinie die schmucken von den tristen Teilen Zagrebs scheidet, wurde auf einem Schachbrettraster die Unterstadt, Donji Grad, hochgezogen und bildet einen Puffer zu den weiter südlich gelegenen Plattenbausiedlungen, aus denen wie selbstvergessen einzelne Hochhäuser nach einer besseren Gesellschaft Ausschau halten. Doch zum Erwachsensein gehört nur beiläufig eine Skyline, vielmehr die Freiheit, tun und lassen zu können, was man will. Dies erhebende Gefühl kennt man erst seit der formellen Unabhängigkeit von Jugoslawien im Jahr 1991. Zagreb war bis zu dieser Zäsur nur die heimliche Kulturhauptstadt Jugoslawiens, die Stiefschwester Belgrads.

Den Traum von der Freiheit träumte schon einmal einer. Unweit des Bahnhofs winkt König Tomislav vom Sockel herunter, der im 10. Jahrhundert die Ungarn an den Ufern der Drava zurückschlug, um das fruchtbare Pannonien, das karstig-mediterrane Istrien und Dalmatien zu einem großen Reich zu einen – wenn auch nur für kurze Zeit. Nach den Ungarn kam Österreich-Ungarn und dann waren bald auch schon die Serben an der Reihe – der Balkan. Eine Hassliebe. Trotzdem fühlte man sich als Teil der westlichen Hemisphäre, auch wenn dieses Bemühen stets von einer Sehnsucht nach Anerkennung unterlaufen wurde, die sich in dem merkwürdigen Verhältnis zu einer anderen Metropole ausdrückt: zu Wien, der Unnahbaren. Wien – der urbane Gegenentwurf zum Naturwüchsigen, zum Dorf, eben zur heimeligen, aber rückständigen kroatischen Heimat.

Um 1900 kopiert man den Westen, entstehen Geschäfts- und Wohnhäuser im Stil des Fin de Siècle, besonders am Jelačić-Platz, wo die Lücken zwischen den gründerzeitlichen Fassadenzeilen frisch gefüllt werden. Die Secessionisten sind begeistert von den Manifesten der Wiener Moderne. Nationalisten und Panslawisten fürchten aber den Identitätsverlust, die Germanisierung. Öffnung oder Abschottung, Großstadt oder Provinz – ein scharfkantiges »Oder«, das bis heute spürbar ist.

Der Eindruck, Kroatien bestünde nur aus einer wundervollen Küste, verflüchtigt sich, sobald man aus dem Westen, aus dem provinziellen Zagorje in die Hauptstadt Zagreb kommt. Oder am Abend wieder zurückfährt. Am besten langsam, mit einem Pendlerzug. Man steigt ein, lauscht, schaut. Vernimmt auch als Fremder so viel Deutsches, seltsame Lichter in der heimeligen Dunkelheit, herumgeisternde Sprachsplitter aus einer fernen Zeit, als auf diesem Gebiet die Amtssprache des Adels und der Verwaltung keine slawische war. Rund zweitausend Germanismen zählen die Linguisten, heimisch gewordene Fremdkörper, die sich in der kroatischen Sprache eingenistet haben wie jene verschlafenen Menschen in dem rasselnden Vorortzug. Sollte man im Raucherabteil um ein *fajercajg* gebeten werden von jemandem, der auf *arbajt* geht, kann man ruhig *fajer* geben, und falls die Rede auf das verpasste *fruštik* kommt und die *cajt*, die immer knapper wird, kann man ruhig nicken und mit *rihtik* antworten, sich zurücklehnen, hinausschauen und den *luftinšpektor* geben.

Mit anderen Worten: Tempo rausnehmen und innehalten. Gerade im Zagorje, das übersetzt so viel heißt wie »hinter den Bergen«, ein noch touristisch unbeschriebener Erdflecken zwischen dem Grenzfluss Sutla im Westen und dem östlich gelegenen Bergkamm Kalnik, wo Weinreben und verfallende Barockschlösser die Hügel und sanften Anhöhen zieren und das Leben tatsächlich etwas gemächlicher, genüsslicher vorbeizieht. Das Zagorje ist das sinnliche Refugium der Großstädter. Auch das ist Freiheit, Emanzipation: die Ruhe vor sich selbst. Zagreb kann nämlich auch ziemlich nerven. Dieser Brennspiegel der Sehnsüchte und Ängste, diese teure Stadt der historischen Zitate, kunstvollen Anspielungen und neurotischen Anwandlungen. Das Zagorje ist die einfache, manchmal deftige Antwort auf viele Fragen aus der Metropole. Als Leibspeise wird in guten Restaurants Putenbraten und *mlinci* aufgetischt, das sind dünne, in heißes Fett eingelegte Teigfladen. Als Nachtisch (!) folgen Strudel oder eine *gibanica*, ein mit Walnüssen, Mohn oder Käse gefüllter Hefekuchen, der zwar gut schmeckt, sich aber ohne die katalysatorischen Qualitäten einer *domaća kapljica* im Magen wie ein Backstein verhält. Also gibt es überall das »eigene Tröpfchen« zu verkosten, einen Hauswein vom eigenen

Weinberg und den selbst gebrannten *šljivovica* (von den Pflaumen aus eigener Ernte), der in teils verrückten, selbst montierten Destillationsmonstren hergestellt wird. Selbst ist der Zagorec. Die seelische Reinigung wiederum sucht und findet man im Wallfahrtsort Marija Bistrica, wo die Zagreber und die Kroaten, das selbst ernannte Marienvolk, ihre Schwarze Madonna anbeten. Die körperlichen Wehwehchen kuriert man in den heißen Thermalquellen von Stubićke Toplice oder Tuheljske Toplice. Und wer das Glück für sich gepachtet hat, entflieht dieser nervösen Welt in einem eigenen Winzerhäuschen, der *klijet*, was im Zagorje keine Seltenheit ist, und nippt im Herbst an seinem selbst gekelterten Wein, schaut in die Hügel und übt den krisensicheren Beruf des *luftinšpektors* aus.

Es müssen nicht immer Ćevapčići sein

Kroatiens Küche ist vielfältig und spannend wie seine wechselvolle Geschichte. Kulinarische Entdeckungen zwischen Sterneküche und Balkangrill

Irgendwann nervt es einfach nur. Als Deutscher mit einem südslawischen Nachnamen muss man sich von Freunden, Bekannten und Kollegen regelmäßig Anekdoten von Familienurlauben an der kroatischen Adria anhören, an die man sich auch deswegen gern erinnert, weil man angeblich sehr gut und vor allem günstig gegessen habe. Fast noch schöner als das kristallklare Meerwasser und die eindrückliche Landschaft seien die Abende in einfachen Restaurants an der Küste mit netten, deutsch sprechenden und scherzenden Kellnern gewesen, die auf Edelstahlplatten dampfende Berge von Grillfleisch mit *Djuveč*-Reis, Pommes frites und Krautsalat anschleppten. Nicht selten werden dann solche nostalgischen Erinnerungen mit einer Frage garniert, die aber im Grunde einer Unterstellung gleichkommt: »Du hast es gut. Bei euch gibt's doch bestimmt regelmäßig *ćevapčići?*«

Ganz ehrlich: Hier muss ein leckeres Missverständnis vorliegen. Meine letzte Balkanplatte mit *ćevapčići* habe ich voriges Jahr im Sommer verputzt, meine Eltern haben vor der Garage ihres Hauses nahe Zagreb gegrillt, das gewolfte und gewürzte

Fleisch kam vom Metzger im Ort. Das war es dann aber auch. Der durchschnittliche Kroate bereitet schätzungsweise so häufig *ćevapčići* zu wie der Japaner sein Sushi – nämlich eher selten bis nie. Das liegt zum einen daran, dass die gegrillten Röllchen aus würzigem Hackfleisch nicht wirklich das Nationalgericht Kroatiens sind, obwohl das viele behaupten. Auch soll es unter den gut vier Millionen Einwohnern Kroatiens immer mehr Vegetarier und Veganer geben, die gerade in den beiden größten Städten Zagreb und Split den traditionellen, tendenziell fleischlastigen Essgewohnheiten auf dem Westbalkan nichts mehr abgewinnen können. Und falls der Kroate dieses zugegebenermaßen beliebte kulinarische Erbe des ehemaligen Vielvölkerstaats Jugoslawiens doch mal im Restaurant oder in rohem Zustand beim kundigen Metzger seines Vertrauens bestellt, dann nur, weil er beste Qualität erwartet. Wo *ćevapčići* draufsteht, ist nämlich nur selten *ćevapčići* drin. Das gilt im besonderen Maße für die abgepackte Ware in deutschen oder österreichischen Supermärkten und Discountern. Selbst das lauschigste Restaurant und die angesagteste Imbissbude an der Adria servieren gern mal *ćevapčići*, die eigentlich nur fingerlange Frikadellen sind.

Wer auf seiner nächsten Reise südwärts die authentische kroatische Küche kosten möchte, der sollte sich zunächst vom Begriff der Authentizität verabschieden. Denn Kroatien ist wahrlich ein kulinarischer Schmelztigel. Im Lauf der Jahrhunderte war das kleine, oft unter Fremdherrschaft stehende Land vielfältigen Strömungen ausgesetzt. Die

Küche integrierte sowohl osmanische Einflüsse als auch solche aus Ungarn, Italien und Österreich. So haben etwa die Türken die *sarma* (mit Hackfleisch gefüllte Weißkohlblätter) hinterlassen und nicht zuletzt die *ćevapčići*, die sich auch etymologisch vom inzwischen allseits bekannten Kebab ableiten lassen. Die Ungarn waren und sind meisterliche Gulaschköche, ihre Salami ist weltberühmt. Im nördlichen Kroatien, in Slawonien und in der Baranja hat sich der *kulen* erhalten, das ist eine kurze, dicke Rohwurst, die einen säuerlich-scharfen Geschmack besitzt und einfach wunderbar zu einem schweren Rotwein passt. Der *paprikaš* vorzugsweise mit Hähnchen oder mit Süßwasserfischen ist ebenfalls beliebt, findet sich aber außerhalb der kontinentalen Regionen leider nur selten auf Speisekarten. Die Habsburger Konditoren haben die Kunst des Backens vererbt, der Strudel heißt in Zagreb und Umgebung *štrukelj*. Der Kuchen wird meist mit einer Mohn- oder Walnussfüllung oder mit Frischkäse aus dem Ofen gezogen und sogar noch nach einem üppigen Abendmahl aufgetischt. Die Küche der Küstenregion ist hingegen wesentlich von griechischen sowie italienischen Lebensstilen inspiriert. Die Griechen brachten den Menschen in Dalmatien den Wein, die Italiener die Pasta und Polenta, auch den Anbau von Oliven, die vor allem in Istrien in hoher Qualität kultiviert werden. Man kann sich streiten, ob eine originäre kroatische Küche überhaupt existiert. Nicht bloß für meinen Geschmack ist es eher eine Küche der Regionen des Alpen-Donau-Adria-Raums.

Aber gerade deswegen ist es so spannend, die Küche Kroatiens fernab der Klischees, Nationalherdplatten und Lifestyle-Moden zu erleben, zumal sich erst in jüngster Zeit eine neue Generation von Gastronomen von der Tradition emanzipiert hat, ohne selbige zu vergessen.

Der erste und einzige in Zagreb mit einem Michelin-Stern ausgezeichnete Küchenchef heißt Goran Kočiš und schwingt seit 2016 den Kochlöffel an der ersten Adresse in der Hauptstadt. Wer das nicht glaubt, der lässt sich vielleicht von der *New York Times* überzeugen, die das Noel – so heißt das zentral gelegene Restaurant in der Ulica Popa Dukljanina – allen Zagreb-Reisenden dringend ans Herz legt. Das Restaurant, eins von sieben Ein-Sterne-Lokalen im ganzen Land, befindet sich im Erdgeschoss eines großen Altbaus, die Einrichtung ist – was auch nicht selbstverständlich ist – konzeptionell durchdacht und völlig neu. Zweiundsechzig Plätze finden sich großzügig verteilt auf gut hundert Quadratmetern über einem Weinkeller, den Goran Kočiš' Freund und Sommelier Ivan Jug im Auge hat. Natur- und Sandtöne dominieren bei den Möbeln, weiche Sessel, raumhohe Fenster und warmes Licht versendende Foscarini-Lüster sorgen für eine angenehme und gemütliche Atmosphäre. Selbst beim Business-Lunch soll man sich nicht gehetzt fühlen, sondern geerdet, heimelig, und doch großstädtisch, genau so, wie es der Zagreber liebt. Keine falsche Bescheidenheit, die Hauptstädter galten schon im ehemaligen Jugoslawien als selbstbewusst und ein bisschen eitel. Dass im Noel trotz dieser geschmackvollen Einrichtung und der seit 2019 an der Wand prangenden Guide-Michelin-Plakette im Grunde jeder willkommen ist, wird schon durch den außerordentlich probierfreundlichen Preis angezeigt: Das mittägliche Drei-Gänge-Menü serviert man schon für hundertneunzig Kuna pro Person, das sind gerade mal fünfundzwanzig Euro! Was für ein Sterneschnäppchen, man könnte meinen, dass bei diesen Preisen nur eine dünne Brennsuppe mit Essig in edler Keramik auf den Designertisch kredenzt wird. Doch weit gefehlt: Goran Kočiš ist ein versierter Chefkoch, der zehn Jahre lang bei Spitzenköchen in Österreich gelernt hat, wie man aus sehr guten Produkten großartige Speisen zeitgemäß auf den Punkt und ohne viel Schnickschnack zubereitet. »Ich verwende Produkte aus der Region, die Zubereitung basiert auf Techniken, die man aus der französischen Küche kennt. Wir haben die besten Kleinlieferanten gefunden, sie besorgen alles vom Fisch bis zum Fleisch«, erklärt Goran Kočiš, übrigens ein gebürtiger Slawonier. »Wenn uns ein Gast nach der Herkunft einer Zutat fragt, können wir ihm weiterhelfen. In unserer Küche finden sich lediglich drei Produkte, die nicht aus Kroatien stammen: Reis aus Italien, die Gänsestopfleber aus Frankreich und der Yuzu-Essig aus Japan.«

Und tatsächlich lässt sich diese Selbstbeschränkung bei der Auswahl der Produkte auch an diesem sonnigen Mittag im Noel überprüfen. Am Nebentisch sitzt ein älteres Ehepaar aus Schweden, sie haben Trekkingsandalen und kurze Cargohosen an und mümmeln ebenfalls schon am selbst gemachten Brot. Der Gruß aus der Küche schmeckt offenbar. Ansonsten: viele Kroaten, Zagreber, die im Noel Geschäftliches besprechen, zum Essen auch schon mal eine Flasche istrischen Weißweins ordern.

Man selbst ist schon mitten drin, der Service ist zuvorkommend, alles passt. Und obwohl man denkt, man wüsste schon vieles über die Spezialitäten der kroatischen Küche, so wird man doch überrascht. Eine von drei Vorspeisen auf Goran Kočiš' Menükarte ist Tintenfisch mit einer Senfcreme auf einem fluffigen Hochbett aus fein angemachtem Meerfenchel. Dieses vorzüglich schmeckende Gericht ist ein gutes Beispiel für einen gelungenen Minimalismus, der dem einzelnen hochwertigen Produkt aus der Region Respekt zollt. Meerfenchel ist eine wilde Strauchpflanze mit fleischigen Blättern, die vorwiegend im Felsriss der karstigen dalmatinischen Küste wuchert und gern mal mit Unkraut verwechselt wird. Aus der einfachen Landküche ist Meerfenchel beinahe verschwunden, auch findet man ihn so gut wie nicht mehr in den Restaurants an der Adria. Aber in Zagreb, im Noel, frisch duftend, geschmacklich herb und ein wenig an Kapern erinnernd, zaubert er das Aroma des Mittelmeers herbei.

Und das vermeintliche Nationalgericht *ćevapčići?* Gibt es im Noel nicht, auch nicht à la carte, die Nachfrage wird seitens der freundlichen Bedienung mit einem ironischen Lächeln schweigend quittiert. Falls die Lust auf die magischen Röllchen für Jugonostalgiker dennoch unstillbar sein sollte und ein eigener Holzkohlegrill in der Nähe ist, sollte man sich folgendes Rezept merken: Für den Hackfleischmix sollte das Verhältnis zwei Drittel Rinder- oder Kalbshack zu einem Drittel Lammhack betragen. In die Mischung gehören keine Eier, keine Semmelbrösel, keine Gewürzmischungen. Knoblauch und Pfeffer werden separat im Wasser gekocht und durchgesiebt, der Sud über das erst klein gehackte Fleisch wie eine Marinade gestrichen. Danach das Fleisch im Kühlschrank über Nacht ruhen lassen. Wer es mag, kann der Marinade auch noch scharfen Paprika in Pulverform beimengen. Am nächsten Tag das Fleisch zweimal durch den Fleischwolf drehen, ein wenig Natron zusetzen, noch einmal durchmischen. Wieder drei, vier Stunden ruhen lassen. Und schließlich werden die *ćevapčići* möglichst fest und ohne Lufteinschlüsse geformt, je nach Wunsch in Fingerform oder als kleine Quader. Beim Grillen regelmäßig mit echter Fleischbrühe benetzen. Mit rohen Zwiebeln, Weißbrot und *ajvar* servieren.

Guten Appetit, oder, wie der Kroate sagen würde: *Dobar tek!*

Lieber rot als tot

Bauernaufstand in Stubica. Eine ganze Region begeistert sich für das ferne Mittelalter und feiert alljährlich einen bärtigen Volkshelden

Heugabeln. Ruten. Lanzen. Äxte. Armbrüste. Sensen. Was man halt so braucht für einen gemütlichen Sonntagsspaziergang. Diese Kerle und ihre praktischen Haushaltsgeräte jedenfalls wirken entschlossen. Mit martialischem Gepräge und wehenden Fahnen, auf denen rote Hähne blitzen, stampfen die versprengten Truppen über die Hauptstraße von Donja Stubica, brüllend, schnaubend, den Verkehr aufhaltend, Fäuste reckend. Vorbei an der Polizeistation, wo sich keiner der diensthabenden Beamten blicken lässt. Das ist wieder mal typisch. Bauernaufstände gehen hier in Ordnung, aber wehe, man fährt mal schneller als vierzig … Von allen Seiten strömen sie nun herbei in die kleine Stadt, in voller mittelalterlicher Montur: in weiten weißen Trachten, mit Sackfetzen um die Stiefel gebunden, mit Kapuzen und Hüten. Jetzt sind auch einige der Frauen zu erkennen, ebenfalls leicht bewaffnet. In ihren einfachen Leinenkleidern, roten Kopftüchern und groben Strümpfen machen sie zwar den aparten Eindruck, als hätten sie sich zu einem Polkawetttanzen verabredet, aber dann reihen sie sich ein in den Pulk vor der Erlöserkirche, wo schon mehr als zweitausend Zuschauer auf das Signal warten, und stehen ihren wütenden Männern in dieser letzten Lebensstunde zur Seite. Im Turm der Dreifaltigkeitskirche schlägt die Glocke. Zwölf Uhr Mittag. Das Duell kann beginnen.

»Wieso sind wir hier zusammengekommen? Aus dem einzigen Grund: Wir wissen nicht mehr weiter. Es gibt keinen Ausweg. Das Joch ist unerträglich geworden.« Der Sprecher der Bauern hat eine Bärenstimme, auch ohne Mikrofon versteht ihn jeder. Vereinzelte Bravorufe. »Wir haben keine Wahl. Wir müssen in den Kampf ziehen. Auf der einen Seite die Türken, auf der anderen Seite die ökonomische Krise.« Das trifft ins Herz. Wir lachen, jubeln. Und ziehen alle gemeinsam mit Gejohle und Gepfeife los in Richtung Schlachtfeld, wo uns die königlichen Armeen bestimmt schon sehnsüchtig erwarten.

Die Sprecherin von *Radio 101* hatte mit ihrer rhetorischen Frage vollkommen recht. Einen Tag zuvor hatte sie sich im Interview mit der Direktorin des Museums der Bauernaufstände in Stubica ein wenig gewundert, warum die heutigen Kroaten noch warteten und nicht längst tapfer in die Schlacht zögen, »da ihnen die Obrigkeit bald ein Viertel vom Verdienten abknöpfen würde«, während doch die armen Bauern im 16. Jahrhundert schon wegen dieser »vergleichsweise harmlosen zehn Prozent« revoltiert hätten. Nun, so richtig klar fiel die Antwort nicht aus. Der wissenschaftlich-nüchterne Verweis, die historische Situation vor der entscheidenden Schlacht bei Stubica im

Jahre 1573 sei nicht zu vergleichen mit der heutigen, mag ja angehen. Aber man merkt den zahlreich erschienenen Leuten einen Tag später beim Marsch gegen die Feudalherren an, dass man zumindest gewisse Sympathien hegt für die Belange der Bauern und Knechte. Es gibt Parallelen, die sind nicht von der Hand zu weisen. Nicht nur wegen der Fünfundzwanzig-Prozent-Steuer. Auch deswegen wird vor allem hier, im nördlichen Teil des Landes, das historisch-patriotische Kollektivgedächtnis neu justiert, werden alte Volkshelden mit großem Erfolg wiederentdeckt. Vor dem Spektakel wurde sogar eine Bauernaufstandstelenovela im staatlichen Fernsehen gezeigt. Seit Wochen werden im ganzen Zagorje die authentischen Stätten der legendären Aufstände von professionellen Schauspielern, Statisten und Mitgliedern von Kulturvereinen nachgespielt. In Etappen nähert man sich dem Höhepunkt der verlorenen kroatischen Revolution an.

Und trifft dabei immer wieder auf einen Nationalhelden: Matija Gubec. Ein Mann wie eine Eiche, mit einem riesigen Schnauzbart und einem dunklen Haarschopf, der unbändig wie sein störrischer Kopf in den kroatischen Himmel ragt – so wird Gubec auf alten Gemälden dargestellt. In Gornja Stubica steht zudem ein unübersehbares, Gubec zu Ehren errichtetes Denkmal, das der bekannte, 1979 verstorbene Bildhauer Antun Augustinčić schuf. Augustinčić liebte das Monumentale und war schon zu Lebzeiten ein Star. Seine übermenschlichen Kraftfiguren passten perfekt in jene Zeiten, als das Heroische überstrapaziert wurde. Titos Denkmal, nicht minder unnahbar, steht in Kumrovec, vor seinem Geburtshaus. Der ehemalige Staatspräsident und Partisanenführer schreitet in markanter Denkerpose und lässig aufgeknöpftem Soldatenmantel durch die Landschaft – ein Stratege und herrischer Intellektueller in Uniform. Augustinčić war der Lieblingsbildhauer der Kommunisten, seine expressionistische, pathetische Formung eines leicht verständlichen Gedankens, eines einzigen Wesenszugs überzeugt bis heute, lässt niemanden kalt, trotz aller Vorbehalte. Bei dem Denkmal für Matija Gubec verarbeitete Augustinčić Bronze und grünen Stein aus dem nahen Medvednica-Gebirge. Seine abgespreizten Arme zeigen an: Lieber in Würde kämpfen und sterben, als ein rechtloser Knecht zu bleiben. Lieber rot als tot.

Tatsächlich haben wir kleinen Bauern keine Chance. Und rot sind nur unsere verschnupften, von der Februarkälte malträtierten Nasen. Nach einer halbstündigen Wanderung durch ein Wohngebiet erreicht unser langer, frierender Revolutionswurm aus tapsigen Familienausflüglern, TV-Kameras, Hunden, geschulterten Kindern und einigen verkleidungswilligen Freunden der gepflegten Mittelalterkultur eine Lichtung, die sogenannte »Mondscheinwiese«. Schon seit Jahrhunderten heißt dieser Fleck so, weil die Menschen in der flachen Senke allerlei wunderliche Erscheinungen hatten, was vor allem daran liegen mag, dass sich hier auch tagsüber der Nebel gerne hält. Genau der richtige Ort also, um seinen nebulösen Illusionen von einer gerechteren Gesellschaft freien Lauf zu lassen. Inzwischen haben sich auch die Gäste eines eigens für dieses Ereignis reservierten Matija-Gubec-Sonderzugs aus Zagreb eingefunden. Es ist zwar kein rundes Jubiläum, das man hier feiert – im vierhundertsiebenundvierzigsten Jahr seit der Niederschlagung des Aufstands. Doch praktischerweise jährt sich auch zum achthundertelften Mal die erstmalige namentliche Erwähnung der Siedlung Stubica. Heute gibt es deren gleich zwei: Donja Stubica würde man mit »Unter-« oder »Niederstubica« übersetzen, und den Zwillingsort Gornja Stubica dementsprechend mit »Oberstubica«.

»Wo ist denn Matija Gubec?«, kräht ein kleiner, wild um sich fuchtelnder Revoluzzer von den Schultern seines gestressten Vaters herab und haut erst einmal einem anderen Mann mit seinem Plastikschwert auf die Glatze. »Irgendwo ganz vorne.« Aha. Der Kleine ist gar nicht so dumm. Nur so am Rande: Es fehlen einem hier die Orientierung und die persönliche Ansprache. Vielleicht auch, weil der Held diesmal ein äußerst schüchterner Anführer ist, ein schmächtiger, ziemlich dünn gestimmter Matija Gubec, der es offensichtlich nur dank seines imposanten Schnurrbarts zum Anführer der ungezähmten Bauern gebracht hat. Aber so richtig in Szene hat er sich noch nicht gesetzt. Und als wir dann auf der Mondscheinwiese auch noch die Schar der Gegner und an einem Galgen die baumelnden Überreste eines frechen Genossen erblicken, ahnen wir Böses. Dieser Gubec packt das niemals.

Geharnischte Ritter, wohin man blickt. Zelte. Schilde. Gewehre. Kanonen. Es sind die gut ausgerüsteten Mannen um Franjo Tahy, der als mächtiger Lehnsherr und Besitzer Stubicas seine Bauern bis aufs Äußerste ausbeutete. Tahy, Sohn eines Bans, war allerdings in den Jahren vor dem Aufstand auch in einer gereizten Stimmung. Der kroatische Adel hatte im Kampf gegen die türkischen Übergriffe große Verluste hinnehmen müssen und seine finanziellen Engpässe mit Steuererhöhungen und Zwangsabgaben ausgeglichen. Die Folge waren katastrophale Zustände unter den Ärmsten der Armen, Verzweiflung, Hungersnöte, kleinere Aufstände. Der Gutsherr Tahy aber war unerbittlich, ließ jeden Protest gnadenlos niederschlagen. Aus diesem Elend entsteigt aber plötzlich eine Figur, ein furchtloser Typ wie Matija Gubec, von dem man kaum etwas weiß, außer dass er in Hižakovec geboren wurde. Ende 1572 eskalierte schließlich die Situation, die Unruhen erfassten auch das benachbarte Slowenien. Selbst der König konnte nicht mehr vermitteln und vertraute schließlich den Hardlinern seines Gefolges. Der Ban Juraj Drašković höchstselbst befehligt die königstreuen Truppen. Nach einer ergreifenden Rede setzen sich zwölftausend mit Hahnenfedern geschmückte Bauern und Knechte in Bewegung, gewinnen sogar eine Schlacht, werden aber im Februar 1573 vernichtend geschlagen. Rund sechstausend Aufständische werden niedergemetzelt. Matija Gubec hat Pech und wird lebend gefangen genommen.

Kanonendonner. Schüsse. Die Hunde jaulen, ein junger Mischling ist einem Herzinfarkt nahe, zittert am ganzen Körper. Die Kinder kreischen.

»Mamaaaaa!« Ein Junge wird von seiner Mutter getröstet, seine Schwester lacht ihn aus. Smartphones werden gezückt. Vom Wirgefühl ist wenig übrig geblieben, die Bauernarmee erwartet auf der Wiese ihr Schicksal allein, während mittlerweile dreitausend Zuschauer das Geschehen aus sicherer Distanz wie bei einem Fußballspiel in der Regionalliga sachkundig begutachten. Auf der linken Seite die Bauern um Gubec, auf der rechten die königlichen Ritter. Über ein Mikrofon und krächzende Lautsprecher wird das Geplänkel zwischen den Unterhändlern beider Parteien direkt vom Schlachtfeld übertragen. Das Spiel ist einstudiert, jedes Wort, jede Handlung sitzt. Man spürt diese Freude an der Inszenierung, an der Maskerade, an der kriegerischen Geste.

In Stubica gibt es zahlreiche Vereine, die sich dem Mittelalter und der Fantasywelle verschrieben haben und nun endlich zeigen können, was in ihnen steckt. »Die Ritter des goldenen Kelches« zum Beispiel. Dreißig Mitglieder zählt der Klub, die sich regelmäßig zum Schwertkampf und Bogenschießen treffen. Das meiste basteln, nähen und schmieden sie selbst, einen Teil der Ausrüstung bestellen sie in Tschechien. Der Mitbegründer und ehemalige Vorsitzende des Vereins, Tomislav Drempetić Hrčić, arbeitet normalerweise als Präparator in den Museen von Zagorje. Ein hellhäutiger Mann mit weichen Gesichtszügen, der auch als Angestellter in der kommunalen Wasserversorgung durchgehen würde. In seiner Freizeit aber greift der Einundfünfzigjährige zum Schwert. Seine Leute haben sogar einen Stand aufgebaut und werben in fantasievollen Kostümen – zwei bezaubernde Burgfräulein – um neue Mitglieder. Um den männlichen Nachwuchs im Verein muss man sich also nicht kümmern. »Irgendwann habe ich bemerkt«, so Tomislav Drempetić Hrčić, »dass die Menschen nicht ins Museum kommen, weil man ihnen verboten hat, die ausgestellten Objekte zu berühren. Alles ist hinter einer Glasscheibe versteckt.« Im Grunde hat er recht. Diese Museumspädagogik des Volksfests erreicht an einem Tag mehr Menschen als das Museum der Bauernaufstände in Wochen oder gar Monaten, auch wenn die Schau im Schloss Oršić die umfassenderen historischen Fakten liefert. Aber, seien wir ehrlich: Was ist schon eine verkleidete Puppe und ein nüchterner Lageplan der Truppenbewegungen gegen einen richtig lauten Kanonenschuss? Tomislav Drempetić Hrčić gibt heute den verbalen Einpeitscher auf der Seite der Ritter. Mit einem rhetorischen Trick demütigt er die Bauern: Beide Parteien sollen jeweils ihren stärksten Mann in einen Zweikampf schicken, so der heuchlerische Vorschlag von Ritter Tomislav, dessen Stimme durchs Tal hallt. Man wolle unnötiges Blutvergießen vermeiden, heißt es. Wer von den beiden Gegnern gewinnt, erringt auch den Sieg für seine Sache, brüllt er ins Mikro. Doch als die gutmütigen Bauern ihren kräftigsten Kerl nach vorne schubsen, wird der einfach erschossen. Das ist ein toller, wenn auch historisch ungenauer Effekt. Schwamm drüber. Die Meuchelei kann beginnen, das Chaos ist umwerfend. Die Ersten wälzen sich bereits in der aufgeweichten Erde. Das Schlachtfeld ist dermaßen von den Platzpatronen verraucht, dass man als kurzsichtiger Beobachter den Überblick verliert. Die ansonsten vor sich hin träumende Mondscheinwiese wird nun von einem Haufen keilender Männer durchpflügt, und man wundert sich schon, als das Spektakel plötzlich zu Ende ist. Und Matija Gubec? In den Fängen des Adels. Sie zerren an ihm wie an einem Stück Vieh, der Strick der Darsteller zeichnet Striemen in den Hals des Gubec-Mimen, der vielleicht kein großer Redner ist, dafür aber Sinn hat für den pathetischen Auftritt. In seinem leidenden Märtyrerspiel bekommt Matija Gubec große Ähnlichkeit mit Jesus vor der Kreuzigung.

Den Menschen scheint das nicht allzu viel auszumachen. Man wendet sich ab vom Schicksal des Bauernführers. Der Appetit auf das Historische weicht nun einem leiblichen Bedürfnis. Die Kinder müssen mal. Die aufgeputzten Zagreber Ausflüglerinnen säubern mit einem pikierten Augenrollen ihre verschlammten Stadtschühchen. Es riecht nach Zuckerwatte, nach Mutters Küche und feuchter Erde. Glücklicherweise haben die Veranstalter an alles gedacht. Der missglückte Aufstand zieht einen pietätlosen Imbiss nach sich. Eine sechsköpfige Herrenkapelle spielt Volksmusik, und die gut präparierten Damen und Herren von der benachbarten Mühle Majsecov Mlin tun ihr Bestes, um dem Ansturm auf ihre Freilufttheken standzuhalten. Wären nicht so viele ausgehungerte Hobbyhistoriker hier, könnte man sehen, wie idyllisch diese Handvoll Holzhäuser sind, die sich um das drehende Wasserrad wie ein idealtypischer Weiler versammeln. Die Bauweise ist traditionell, nicht kitschig. Die meisten kennen die Mühle nur wegen ihres Restaurants, in dem es die typischen Gerichte aus Zagorje gibt: Maispolenta, Käsestrudel, Hausmacherwürste, Kesselfleisch, knusprig gebratene Ente oder Pute mit dünnen Fladen. Dass man in sechs einfach eingerichteten Zimmern rustikal gut und günstig übernachten kann, ist weniger bekannt. Donja Stubica ist gerade für Wanderer in den Bärenberg eine geeignete Ausgangsbasis.

Doch Wanderer entdeckt man heute keine. Anstehen ist angesagt. Die Frauen hinter dem langen Tresen schöpfen im Akkord kellenweise ein leckeres Hirschgulasch aus absurd großen Bottichen, dazu reichen sie Maisbrotschnitten und weißen Glühwein. Da sich die Sonne verzogen hat und die Kälte in die Knochen kriecht, kommt dieses herzhafte Rittermahl gerade recht. Die Musik klingt, das Bächlein plätschert, über allem ein zufriedenes Schmatzen und Schwatzen. Alle scheinen recht entspannt – bis auf einen: Matija Gubec. Fast wäre er übersehen worden im Trubel: Eingespannt ins Joch führen ihn die feindlichen Bewacher wie einen Ochsen durch die Menge. Den Beginn des letzten Aktes hätte man beinahe verpasst. Das wiederum, so berichten alte Quellen, entspricht der Wahrheit. Der Bauernanführer wurde öffentlich gedemütigt, bevor er am 15. Februar 1573 in Zagreb grausam hingerichtet wurde. Auf dem Platz vor der Markuskirche, dem heutigen Wahrzeichen Zagrebs in der Oberstadt, wurde Gubec eine glühende Eisenkrone aufgesetzt. Der Leichnam des zu Tode gekrönten kroatischen Bauernkönigs wurde anschließend gevierteilt. Zum Gedenken an diesen Tod finden sich vor der Kirche vier eingelassene Steine, die sich deutlich von der übrigen Pflasterung abheben.

Für all jene, denen diese Geschichte zu deprimierend endet, haben die Menschen aus Stubica und Umgebung etwas metaphysischen Trost parat. Da wäre zunächst die Gupčeva Lipa in Gornja Stubica, eine mehr als vierhundert Jahre alte Linde bei der Kirche des heiligen Georg, unter der Gubec mit seinen putschenden Bauernkollegen regelmäßig die Aktionen gegen die Grafen und Lehnsherren geplant haben soll. Der Baum sieht schon sehr mitgenommen aus, auch wenn sich Naturschützer der alten, knorrigen Dame längst angenommen haben. Unter ihren Zweigen trifft man sich gerne, und wer sich müde vom harten Leben anlehnt, schöpft vielleicht neue Kraft. Oder glaubt den Einheimischen ihre Legende vom Bauernkönig, der gar nie gestorben sei. Sondern im Bärenberg haust, wo sich zwei Kuppen schützend über ihn und seine Armee und einen mächtigen Tisch beugen, an dem sie alle gemeinsam Wein saufen und warten – darauf, dass sich der langsam sprießende Bart des Volkshelden neunmal um den Steintisch windet und der Berg sich spaltet und Matija Gubec freigibt, der dann an der Spitze seiner gequälten Bauern endlich aufräumt mit Korruption und Ausbeutung.

Möglicherweise hat die Sprecherin von *Radio 101* ja einen Tipp erhalten. Die nächste Revolution kommt bestimmt.

Auf die lässige Tour

Kroatien ist – auch wenn man es kaum glauben möchte – das perfekte Urlaubsland für Individualisten, selbst im Hochsommer. Drei Vorschläge

Der schon wieder. Kein Steinhaus, kein Palast am Mittelmeer, den er nicht irgendwann im 18. Jahrhundert mit seiner Anwesenheit veredelt hätte. Auch in Bale, einem tausendzweihundert Einwohner zählenden Ort im Hinterland Istriens, erinnert eine Tafel an Giacomo Casanovas Aufenthalt im Palast Bembo, dessen venezianische Gotikfassade bestens erhalten ist und dem Besucher von der wechselvollen Historie dieses Landstrichs zu erzählen weiß: von der venezianisch-österreichisch-französisch-italienischen Fremdherrschaft bis zu Titos Sozialismus. Seitdem hat sich von außen betrachtet herzlich wenig verändert, ein Wunder, wenn man bedenkt, wie geschichtsvergessen die Tourismusindustrie sein kann. Die von der Zeit geschliffenen Steine glänzen im Licht wie eh und je, von Kitschverkäufern keine Spur, nur eine ältere Frau verkauft vor ihrem Häuschen selbst gepresstes Olivenöl. Ein kleines Hotel gibt es auch, es wurde vor gar nicht langer Zeit in einem behutsam sanierten Gebäudeensemble eröffnet.

Das klingt jetzt nach sozialromantischem Urlaubsgedöns, ist es aber nicht. Denn die Einheimischen, die es wirklich gibt, verteidigen den denkmalgeschützten Dorfkern Bales inmitten seiner intakten Natur, dem Vogelschutzgebiet Palud, mit demokratischen Mitteln – und mithilfe eines einflussreichen Geschäftsmanns, einem Sohn Bales. So konnte ein Zusammenschluss der Bürger den geplanten Bau einer Bettenburg an der Küste verhindern. Die Bürger Bales haben den Verkauf von Bauland gestoppt und gründeten eine Kapitalgesellschaft zur Selbstverwaltung. Was blieb, sind zwei gepflegte Campingplätze und der wohl bestbehütete Strand Istriens, der umweltbewusste Gäste, Künstler und sogar Investoren lockt. In der unmittelbaren Nähe von Bale erstreckt sich der Strand San Polo mit Kieselsteinen und Felsen auf einer Länge von vier Kilometern. Sollte jemand bauen, dann bitte unter strengsten Auflagen und weitab vom Meer, so die Devise. Geplant ist die Errichtung eines touristischen Dorfes im Landhausstil rund um Bale. Keine Bettenbunker. Keine Bausünden. Kein billiger Massentourismus. Geht doch.

Was in Bale passiert, ist inzwischen ein Markenzeichen der nördlichen Halbinsel, die bekannt ist für ihre brummenden Küstenstädte Rovinj, Poreč und Pula. Wer Ruhe sucht, gutes Essen von lokalen Erzeugern liebt und mal mit einem geliehenen Mountainbike die Hügel erkunden will, findet im Hinterland in den *stancijas*, wie man hier die Landgasthöfe nennt, sein Ferienglück. Überall locken seit einigen Jahren Verkostungen in Weinkellern, wird Selbstgezogenes und -gezüchtetes serviert. Ob

Trüffelgerichte, Olivenpasten oder frisches Maisbrot – es muss nicht immer Grillfleisch sein.

Klischees sind meist besser als ihr Ruf. Das Schöne an Kroatiens Küste ist tatsächlich: Sie ist wahnsinnig lang und geduldig. Mehr als fünftausend Kilometer kommen zusammen, wenn man jeden Felsen, jede Insel zählt. Diese Küste bietet genügend Platz für alle: für die sogenannten Individualtouristen wie auch für jene, die einfach abhängen und der Welt ihren eingecremten Rücken zukehren wollen. Campingfreunde, Segler und FKK-Anhänger wissen das schon seit Jahrzehnten zu schätzen. Schwieriger war es aber für Familien, bezahlbare Hotels in Strandnähe mit ordentlicher Zimmerausstattung zu finden. Zudem gestalten sich die Anfahrten auf die Inseln auch wegen der Fährzeiten länger als geplant.

Wer daher alles haben will und aus Richtung Rijeka nicht lang fahren möchte, sollte sich nördlich von Split den Küstenort Primošten genauer anschauen. Eine kompakt bebaute Halbinsel, die durch einen Deich mit dem Festland verbunden ist. Die Stadtmauer aus dem 17. Jahrhundert ist gut erhalten, alles wirkt herausgeputzt und putzig: perfekt für Menschen, denen Dubrovnik zu stressig, Trogir zu teuer ist. Dazu ein schöner Strand mit einer sanierten Hotelanlage, die für bequeme Urlauber kaum Wünsche offenlässt: überdachtes Schwimmbad, ausreichend Liegeplätze, Tennisanlage, schattige Parkplätze. Insgesamt ein ordentliches Preis-Leistungs-Verhältnis. Wer Lust auf Ausflüge hat, lässt das Auto stehen, fährt bequem mit dem Linienbus ins dreißig Kilometer entfernte Šibenik oder gleich nach Split, in die Hauptstadt Dalmatiens. Das Beste an Primošten ist seine Lage, die freie Sicht aufs offene Meer, was gerade entlang der dalmatinischen Küste selten genug der Fall ist, da man oft von nahen Inseln umstellt ist. Eine Woche hält man es hier bestens aus und fährt dann auf der Autobahn A1 von Split nach Zagreb.

Apropos Split: Die zweitgrößte Stadt Kroatiens sollte man sich als Badeurlauber auf einer Tour keinesfalls entgehen lassen, ja möglicherweise ist Split sogar das eigentliche Ziel einer intensiven Beschäftigung mit dem Land an der Adria. Und das nicht nur, weil man einer dieser zahllosen bleichgesichtigen, schwarzgewandeten »Game of Thrones«-Fans ist, die diese Stadt seit Jahren heimsuchen, um authentischen Drehorten nachzuspüren. Für alle Unwissenden: »Game of Thrones« ist eine US-amerikanische Fantasyserie, und wahrscheinlich die weltweit erfolgreichste. Am Ende der vierten Staffel lernt man als Zuschauer Meereen kennen, die nördlichste der drei (ehemaligen) Sklavenstädte. Hier lässt sich Daenerys, die Mutter der Drachen, nieder, um neben dem Erobern auch mal ein paar Lektionen im Herrschen zu erlernen. Für einige dieser Szenen hat man den Diokletianpalast der hundertachtundsiebzigtausend Einwohner zählenden Hauptstadt Dalmatiens als Drehort auserkoren. Die riesige Palastanlage im Zentrum wurde im 4. Jahrhundert vom römischen Kaiser Diokletian errichtet und ist gleich in mehreren Szenen Schauplatz einiger Kämpfe der Sklaven beim Aufstand gegen ihre Meister. In den Gewölbekellern tief unten müssen nämlich zwei der drei Drachen Daenerys' ausharren. Einst aus Tausenden von Bauwerken bestehend, umfasst die Ruine heute noch mehr als zweihundert Gebäude. Innerhalb ihrer weißen Steinmauern und unter den Innenhöfen befinden sich eine Kathedrale und zahlreiche Geschäfte, Cafés, Hotels. Und in diesem verwinkelten Gewirr aus Treppen und Gassen kann man angeblich den »Game of Thrones«-Thrill am eigenen Leib spüren, und wenn nicht, hilft einem dabei das eine oder andere Bierchen.

Wenn Sie mit diesen detaillierten Informationen zur Serie nicht viel anfangen können, dann sind Sie sicher nicht allein, was aber auch gleichgültig ist, denn die Fans von »Game of Thrones« sind ganz und gar harmlose und meist freundliche Wesen, die höchstens durch außergewöhnliche, zur Farbe Rabenschwarz tendierende Verkleidungen, bunte Frisuren, lange Bärte und schlimme Sonnenbrände auffallen. Das ständige Seriengucken auf mobilen Endgeräten zu allen Tageszeiten macht die Haut ja gern mal lichtempfindlich. Man sollte sich als Unwissender lediglich darauf einstellen, dass der Abstecher in einen Souvenirshop innerhalb der Altstadtmauern bisweilen einem Besuch in einer dunklen Drachenhöhle gleichkommt. Tonnenweise T-Shirts, Flachmänner, Schirmmützen, Herrensocken, Damenunterwäsche, Plastikwaffen, Monopolyspiele und sechseckige Trinkbecher mit aufgedruckten oder eingravierten Drachenmotiven gehen über die Ladentische. Wer irgendetwas ohne feuerspeiende Drachen oder in einer anderen Farbe als Schwarz, Silber und Weiß als Andenken zu erwerben gedenkt, ist nicht selten aufgeschmissen.

Doch dieser anhaltende Hype um eine fiktive Erzählung konzentriert sich auf den Diokletianpalast, wo die speziell instruierten »Game of Thrones«-Guides die Reisegruppen im Akkord beglücken. Die Einheimischen, vor allem die älteren, schütteln nur die Köpfe. Und gehen am Nachmittag, wenn die Sonne angenehm vom blauen Himmel lächelt, an ihren Lieblingsstrand: Bačvice. *»Idemo na Bačvice«* (Lasst uns nach Bačvice gehen) ist eine recht bekannte Hymne an den Badestrand von Split, der im Jahr 1919 offiziell eröffnet wurde. Bačvice ist eine lokale Berühmtheit, der Treffpunkt zum Abhängen mit Freunden, zum Plaudern, Sonnenbaden, Lesen, Laufen, Lachen. Der Sandstrand – ja, es ist ein Strand mit feinem Sand – liegt im Herzen der Stadt, ist geschützt neben dem Stadthafen gelegen, eine weite Bucht, die in der Hochsaison mehr als zehntausend Badegäste aufnehmen kann. Das Wasser ist sauber, klar, die Sicht auf das teils offene Meer wunderbar. Kaum zu glauben. Und weil die meisten auswärtigen Touristen Split nur als Zwischenstation auf der Fahrt nach Dubrovnik oder zum Übersetzen auf eine Insel ansteuern und bald wieder verlassen, sind die Kroaten hier größtenteils unter sich.

Noch angenehmer ist es allerdings, wenn man mit Blick auf den Strand und das Meer wohnen kann. Selbst die unbekannten Stadtstrände an der kroatischen Adria sind mittlerweile häufig mit Hotelburgen zugepflastert. Wer in der ersten Reihe residiert, das sind wie an der Côte d'Azur oder an der italienischen Riviera immer seltener die Einwohner des jeweiligen Ortes.

In Split ist das anders. Da steht beispielsweise in unmittelbarer Nähe des Bačvice-Strandes hinter einem schütteren Kiefernwäldchen ein unscheinbares Mehrfamilienhaus, das erst auf den zweiten Blick als ein architektonisches Schmuckstück der kroatischen Moderne identifiziert werden kann, sofern man sich auskennt. Nach der erwähnten Eröffnung des Bačvice-Strandes wurde in der Folge in den zwanziger und dreißiger Jahren des vergangenen Jahrhunderts ein Bebauungsplan für den Küstenabschnitt von der Stadt Split entworfen, für dessen Umsetzung unter anderem der junge Architekt Lavoslav Horvat zuständig war. Neben der Planung von öffentlichen Gebäuden wie einem Hallenschwimmbad, einem Gymnasium und einem Krankenhaus wurde nach den Skizzen Horvats das Wohnhaus Ilić erbaut. Ein strenger Bau, 1932 errichtet auf einem geometrisch angelegten Grundriss, ein Kubus basierend auf einer Stahlbetonkonstruktion. Charakteristisch für das Wohnhaus sind die halbrunden Segmente auf beiden Seiten des Gebäudes mit den Balkonen mit freier Sicht über die Kiefern hinaus aufs Meer. Schön an diesem unter Denkmalschutz stehenden Haus ist, dass hier Bürger Splits wohnen, also keine Sommerurlauber. Und noch schöner ist es, wenn man als Architekturfreund in einer der Wohnungen seine Tage verbringen kann, weil nämlich eine Designerin aus Österreich eine fünfundsiebzig Quadratmeter zählende Hochparterrewohnung im Horvat'schen Haus stilgetreu und im Einklang mit dem Denkmalschutz in ein Ferienappartement renovieren ließ, das man seit einigen Jahren mieten kann. Diese wunderbare Illusion, am Meer in Ruhe wohnen zu dürfen, in einer richtigen Stadt mit allen Annehmlichkeiten einer urbanen Infrastruktur, das wird hier Realität. Man schlüpft kurz vor Sonnenuntergang nochmals in seine Flipflops, klemmt sein Badetuch unter die Achsel und watschelt an den Strand, taucht ins Wasser, zieht ein paar Bahnen und fühlt sich eben nicht wie ein Tourist, sondern wie ein Spliter Bürger aus den dreißiger Jahren, der eine Stunde später erfrischt aus seiner Wohnung und nach einem zehnminütigen Spaziergang im Foyer des Stadttheaters steht.

Lavoslav Horvat hat nicht nur in Split gebaut, sondern bis zu seinem Tode 1989 in ganz Ex-Jugoslawien seine architektonischen Spuren hinterlassen. Unzählige Ausstellungen haben sein Werk dokumentiert, er war wie viele Architekten seiner Generation vom Bauhaus inspiriert und konnte diese Gestaltungsprinzipien gerade auch im Sozialismus, vor allem in der Industriearchitektur relativ problemlos verwirklichen. Doch Horvat konnte auch anders. Am anderen Ende Splits, also nördlich des Zentrums im Stadtviertel Meje, baute Lavoslav Horvat mit Harold Bilinić für den Bildhauer Ivan Meštrović nach dessen Vorstellungen und Entwürfen eine zweistöckige Villa mit Atelier. Was heißt Villa: Das Gebäude ist ein Palast der Kunst und beherbergt heute die Galerie Meštrović, ein Museum, in dem zahlreiche Skulpturen des wohl größten kroatischen Künstlers zu bewundern sind. Insgesamt befinden sich in der Galerie selbst sechsundachtzig Skulpturen und Reliefs, drei Ölgemälde und mehr als ein Dutzend Zeichnungen.

Der lang gezogene Bau verläuft quaderförmig parallel zur Küstenlinie und wird von einem weitläufigen Park eingerahmt. Die architektonische Idee ist nicht originell, das neoklassizistische Gebäude wird auf der Eingangsseite von hohen Säulen sowie vom monumentalen Treppenaufgang dominiert, der aus weißem Marmor von der Insel Brač stammt. Es sind der Standort und die Perspektive, die den Besuch der Villa zu einem einzigartigen Erlebnis machen, gerade im Sommer. Alle Fenster öffnen sich zum Meer hin. Ivan Meštrović war ein Ausnahmekünstler, der 1883 in ärmlichen Verhältnissen im slawonischen Dorf Vrpolje geboren wurde. Seine Eltern waren Lohnarbeiter in der Kornkammer Österreich-Ungarns, ihr Sohn wurde in einem Stall geboren und ging nicht zur Volksschule, brachte sich selbst das Lesen und Schreiben bei. Als Ivan Meštrović 1962 in South Bend in den USA starb, war er ein hochdekorierter Kunstprofessor und der bekannteste bildende Künstler Jugoslawiens, von dem kein geringerer als Auguste Rodin einst sagte: »Ivan Meštrović ist das größte Phänomen unter den Bildhauern.« Ivan Meštrović hinterließ seiner Nachwelt ein wundervolles Werk meist expressionistischer Skulpturen. Sie mögen aber auf den heutigen Betrachter ein wenig antiquiert und aus der Zeit gefallen wirken. Deswegen ist es umso reizvoller, die Galerie Meštrović in Meje zu besuchen, im Hochsommer, weil die Touristen um die hehre Kunst dieses Meisters einen Bogen machen und man keine Schlangen vor der Kasse fürchten muss. Man tritt ein und schaut sich voller Ehrfurcht im Skulpturenpark um, die Kiefern und Zypressen spenden Schatten, man bestellt im Café ein kaltes Getränk und schaut aufs Meer mit der großen Kunst von Meštrović im Rücken und der Gewissheit, dass man in Kroatien gerade als Individualtourist ohne Zimmer in einer Ferienanlage auf einer Insel vielleicht sogar etwas glücklicher urlaubt.

Generation Ex

Dirty realism oder Wie der Schriftsteller Edo Popović an seiner Hassliebe zu Zagreb kreativ verzweifelt

Baba kann nicht mehr. Der ehemalige Topjournalist hängt in den Seilen wie ein angezählter Boxer. Das Leben prügelt auf ihn ein, aber er lässt die Deckung einfach hängen. Seine Stadt erkennt er nicht mehr wieder. Vera, seine Frau, hat sich von ihm emotional getrennt und sucht Trost im Internet. Baba bekommt keinen vernünftigen Satz mehr aufs Papier. Auf die konsumistischen Verheißungen der neuen Zeit pfeift er. Seinen Schmerz ertränkt er im Bier, das nicht einmal mehr in Kroatien gebraut wird. »Es stellte sich heraus, dass diese legendäre Demokratie, von der man so viel erzählt hatte, im Grunde nichts anderes ist als ein Arschtritt für das heimische Bier.« Und wenn er nicht mehr weiterweiß oder den verbitterten Grabphilosophen auf sich, die globalisierte Gerstenplörre oder die verhasste Gegenwart gibt, irrt er herum in diesem unbekannten Labyrinth namens Zagreb wie ein Versehrter, der nicht weiß, ob er noch lebt oder schon wieder stirbt. »Zu alt für Rock 'n' Roll, zu jung für den Tod«, heißt es an einer Stelle von »Ausfahrt Zagreb-Süd«, dem Roman, mit dem der Autor Edo Popović vor vierzehn Jahren auch im deutschsprachigen Raum bekannt wurde.

Und mit ihm ein Teil der Stadt, den der Bimmelbus des städtischen Fremdenverkehrsamts nie ansteuert: die monotonen Plattenbausiedlungen im Süden Zagrebs, das betongraue Getto der Verlierer. Mit anderen Worten: Utrina, jenes Viertel, das von Popović höchstpersönlich und von den meisten seiner abgewrackten Romanfiguren bewohnt wird. Wo die Lost Generation der vermeintlich pulsierenden Metropole der Aufgehübschten und Neureichen haust. Die dauertrunkene Generation Ex, die früher allesamt besser drauf waren. Albtraumwandler in der Peripherie. Typen wie Baba. Oder der verzärtelte Lyriker Robi, der nicht einsehen will, dass er keinen Funken Talent besitzt. Oder Babas Saufkumpan Kanceli, der sich als Tagelöhner durchschlägt, in einer Wohnung ohne Möbel schläft und in einem anderen, früheren Leben als Rechtsanwalt sein Geld machte.

»Ich habe die Nase voll von Zagreb. Definitiv. Das ist vorbei. Ich muss hier raus.« Edo Popović sitzt auf eigenen Vorschlag im viel zu engen Minicafé des Megastores in der Bogovićeva Straße. Bücher, CDs, Schulkram – auf drei Stockwerke verteilt, der beste Laden seiner Art in Zagreb, alles da, was man so braucht, vom Studentenfutter bis zum Hausfrauenkrimi, und im Erdgeschoss Popovićs Prosa auch auf Deutsch. Aber die Eitelkeit ist es gar nicht, die ihn hierhertreibt. Zwischen Büchern fühlt er sich am wohlsten. Popović trinkt einen doppelten Schwarzen und unterbricht immer wieder seine Abrechnung mit der Stadt, weil ihn irgendwer begrüßt. Freie Journalisten, Redakteure,

Ex-Kollegen der größten Zagreber Tageszeitungen. »Und, Edo, was machst du so?«, fragt einer. »Nichts Besonderes«, sagt Popović. Und der andere verabschiedet sich wortlos lächelnd, indem er mit seinen Fingern auf einer imaginären Tastatur tippt. Fast könnte man den Eindruck bekommen, diese Begrüßungsrunde sei inszeniert für den Besucher aus Deutschland. Aber auch das ist Quatsch: Denn diesen Popović kennt wirklich jeder. Der Dreiundsechzigjährige braucht diese Stadt wie seinen täglichen Kaffee, auch wenn er etwas anderes behauptet. »Zagreb? Vergiss es. Bergsteigen. Das ist es. Ich komme gerade von einer Tour im Velebit-Gebirge. Da oben gibt es etwas, das ist unbeschreiblich. So eine Ahnung von Freiheit, irgendeine merkwürdige Leere. Wenn nur nicht die vielen Minen wären.« Und da war er schon wieder, einer dieser rhetorischen Absacker. Edo Popović spricht wie er denkt und wie er schreibt: herzlich negativ. Sarkastisch. Satirisch. Apokalyptisch. Es gibt Leute, die erkennen darin einen slawischen Humor. »Wenn du meinst«, blafft der Schriftsteller zurück. Und dann folgt ein unerwartet unprätentiöses Gespräch über die Literatur, den Krieg und die Melancholie eines Künstlers, der in seiner Karriere viel von dem erreicht hat, was man sich wünschen kann. Sein Werke wie etwa der biografisch angehauchte Schlüsselroman »Die Spieler« werden regelmäßig ins Deutsche übersetzt, Popović wird zu Lesungen ins Ausland eingeladen, und auch in der geliebt-gehassten Heimat findet er Anerkennung, bekam er zuletzt sogar eine finanzielle Förderung vom Kulturministerium. Kurzum: Edo Popović ist zweifellos das Aushängeschild der kroatischen Literatur.

Und trotzdem wirkt er nicht wirklich glücklich. Bleiche Haut, hohe, ausgestülpte Wangenknochen. Flirrendes Haar. Dünne Lippen. Aggressives Augenblitzen. Jedes Wort ein Statement, ein Protest. Zu alt für Rock 'n' Roll. Und viel zu jung für den Tod. Oder mit anderen Worten: Dieser Mann leidet an der Zeit.

Edo Popović war mal so etwas wie der Bret Easton Ellis von Kroatien. Mit seinem ersten Buch »Mitternachtsboogie« landete er 1987 einen Riesenerfolg. Dann war er Mitbegründer von *Quorum*, einer der wichtigsten Literaturzeitschriften des Landes. Jeder dachte damals: Das geht jetzt immer so weiter mit dem Popović. Doch dann kam der Bürgerkrieg und Popović schrieb dreizehn Jahre lang nur noch Zweckgeschichten. Reportagen und Hintergrundberichte von der Front, deren Verläufe auf dem Balkan traditionell äußerst schwer auszumachen sind. Er schrieb für alle namhaften Zeitungen des Landes, für den Boulevard und die Seriösen, von denen es in dieser Zeit im Grunde kaum welche gab. Trotzdem blieb er sauber. Schrieb objektiv, kritisch, wahrhaftig. Das taten nur wenige in ihrer vaterländischen Begeisterung. In einem Interview mit dem *Spiegel* sagte er einmal: »Ich war nie prokroatisch oder antiserbisch. Mir ging es um die Opfer des Krieges, ich suchte den unmittelbaren Kontakt mit ihnen und schrieb es auf.«

Dreizehn Jahre lang keine Kunst mehr. Hat ihm etwas gefehlt? »Nein, in keiner Sekunde.« Aber die

Kriegsjahre sind nicht auszulöschen. Auch in seinem Wohnviertel Utrina steigerten sich die Spannungen ins Unermessliche, schließlich war hier der restjugoslawische Mikrokosmos zu Hause. Novi Zagreb (Neu-Zagreb) entstand wie viele andere kommunistische Trabantenstädte auf dem Reißbrett der Architekten. Schon bald nach dem Zweiten Weltkrieg hatte der industrielle Aufschwung begonnen. Menschen aus ganz Jugoslawien kamen nach Zagreb, fanden Arbeit in den Fabriken, suchten erschwinglichen Wohnraum. Auch Edo Popović kam als Jugendlicher mit seiner Familie aus Bosnien-Herzegowina nach Novi Zagreb. So entstand in den Sechzigern südlich des Savestroms eine komplett neue Stadt für rund zweihunderttausend Neuankömmlinge, und nur die alteingesessenen Einwohner von Travno, Sopot, Zapruđe oder Utrina erkennen die Eigenheiten dieser Viertel. Mit der Straßenbahnlinie 6 gelangt man aus dem Stadtzentrum in weniger als einer halben Stunde in dieses Abseits aus Hochhäusern, wo Popović zeitweise mit seiner Frau Ljilja, einer Architektin, wohnt, obwohl er es sich auch leisten könnte, woanders zu leben. Seit einigen Jahren leistet er sich immerhin den Luxus, sich in ein altes Bauernhaus in dem Dorf Stranica nahe der kroatisch-slowenischen Grenze eine Autostunde von Zagreb entfernt zurückzuziehen, wenn er es nicht mehr aushält. Und doch kommt Popović immer wieder nach Utrina, auch wegen der Menschen, der alten Nachbarn. Man kann mal abhauen, aber nicht wirklich weg sein.

Popović gibt sich volksnah, bescheiden, er liebt diese Gegend, gerade weil sie ein Unort ist, eine Nullstelle im neoliberalen Zagreb der Gegenwart. Der Fluss ist eine Demarkationslinie, er ist keine Lebensader. Wer in Neu-Zagreb geboren wird, sollte es später in seiner Bewerbung lieber nicht angeben. Bis heute kam niemand auf die Idee, ein Theater, eine Lesebühne oder ein Museum zu eröffnen. Obwohl ... Letzteres stimmt nicht ganz. Ende der neunziger Jahre beschloss man einen Neubau des kroatischen Museums für moderne Kunst in der Avenija Dubrovnik, und tatsächlich oder wider Erwarten wurde das Projekt vor einem Jahrzehnt realisiert. Die hehre Kunst und ihre schicke Liebe zum anderen Milieu. Immerhin dürfen seit der Eröffnung des Museums die Alt-Zagreber mal sehen, wie ihre Stadt im Süden so ausschaut. Die meisten von ihnen haben nämlich keinen Schimmer davon.

Popovićs Frau Ljilja ist übrigens eine gebürtige Zagreber Serbin, die zwei haben unmittelbar vor dem Ausbruch des letzten Krieges geheiratet. »Ein perfekter Zeitpunkt«, sagt Popović rückblickend und verdreht die Augen. In den Folgejahren kamen dann immer mehr Flüchtlinge nach Utrina, in ganz Novi Zagreb schätzt man die Vertriebenen auf mehrere Zehntausend, die das ausbalancierte soziale Gefüge in der Vorstadt empfindlich gestört haben. »Das war grausam«, erinnert sich Popović heute. Das Helsinki-Komitee registrierte Tausende Fälle von nationalistisch motivierten Übergriffen. Novi Zagreb war zeitweise für bestimmte Menschen ein rechtsfreier Raum. Heute kann man das nur ahnen. Die omnipräsenten Graffitis sind meist von dumpfer Aussagekraft. An den Straßenbahnschächten warten verarmte Mütterchen und verkaufen ihr letztes Hab und Gut. Büstenhalter. Eine Standuhr. Schuhe. Man sieht viele Roma, die nicht betteln wie im Zentrum, sondern offenbar hier wohnen. Sie sind Bürger dieser Stadt. Ansonsten wandert der Blick ins Nirgendwo. Oder nach oben: acht bis zwölf Stockwerke, ein bisschen Grün dazwischen, Parkplätze und die üblichen Supermärkte, Friseure und verstaubte Boutiquenauslagen im Untergeschoss, die garantiert keinen Anfall von Shoppinglust verursachen. Die Jugendlichen stehen in Gruppen und mustern einen. Aber es wäre übertrieben, Utrina mit den Banlieues von Paris zu vergleichen. Hier brennen keine Autos – noch nicht.

Popović selbst fühlt sich in Novi Zagreb wohl, weil sich hier noch Reste eines gelebten Sozialismus finden ließen, so meint er zumindest. Vielleicht ist dies aber auch nur die Wunschvorstellung eines Dichters, der er in der nüchternen Markthalle von Utrina, wo er gelegentlich in einem Café anzutreffen ist, am besten nachhängen kann. Wo die Menschen kaufen, was sie brauchen, wo das Geld nur Tauschmittel ist und kein Fetisch. »Vieles ist heute nur scheinbar besser«, sagt er. »Aber was wir verloren haben, wiegt schwerer: einen Sinn für Solidarität, für Toleranz. Unsere Gesellschaft ist kalt und brutal geworden.« Und dann sagt er, was er vor einigen Jahren wahrscheinlich selbst nicht zu denken gewagt hätte: »Im gesellschaftlichen, nicht im politischen Sinne bin ich ein Jugonostalgiker. Ich geb's zu.«

Als der Krieg vorbei war, fing er wieder an zu schreiben. Erzählungen. Romane. Er hatte Erfolg. Zu Hause wie im Ausland. Er lebt von den Tantiemen und seinem Job beim Verlag ganz gut. Er hat das Schmuddelviertel von Zagreb berühmt gemacht, wird in den großen Feuilletons in einem Atemzug mit Autoren wie Irvine Welsh, Ingo Schulze oder Douglas Coupland genannt. *Prljavi realizam*, schmutziger Realismus, nennt sich sein Stil und eine Haltung, die Popović perfektioniert hat und die andere, die Epigonen, inzwischen mehr schlecht als recht kopieren. »Karrieristen« nennt er sie, die jungen kroatischen Autoren, die sich im Westen profilieren und geschmeidig schreiben, was man dort von ihnen erwartet. »Sie sind intelligent, schreiben böse, sind aber moralisch unbedenklich«, höhnt er. »Man muss politisch korrekt leben, aber in der Kunst ist Political Correctness streng verboten.« Auch deswegen: Seine Wehmut bleibt, ist sogar stärker geworden. Jetzt geht er regelmäßig wandern in den Bergen, viel weiter im Süden als Novi Zagreb liegt das, im Velebit, dem Grenzgebirge zwischen Bosnien und Kroatien, wo man gut aufpassen muss, wo man hintritt. Er hat schon Bücher darüber geschrieben, über die innerlich reinigende Wirkung des Gehens in der freien Natur. Die allerletzte Frage gilt einer ganzen Generation, ihn eingeschlossen, die ihre Kunst und die Erfolge auch einem blutigen Krieg verdankt. »Du hast recht«, sagt er. »Ich würde gerne meinen

Erfolg als Schriftsteller gegen die alte Zeit eintauschen. Der Preis für diesen Aufstieg, den wir alle gezahlt haben, war einfach zu hoch.«

»Wie glücklich bin ich, dass ich dein Pionier sein durfte«

Was Franz Beckenbauer und Marschall Tito mit Onkel Dobrivoje zu tun haben

Immer wenn ich auf der Autobahn die Ausfahrt nach Kumrovec passiere, denke ich an Onkel Dobrivoje. An diesen älteren, freundlich lächelnden, rätselhaften Verwandten, dem ein Bein fehlte. Onkel Dobrivoje, der Kriegsinvalide, der nie eine Prothese trug, nannte mich Beckenbauer. »Wie geht's Beckenbauer?«, fragte er mich andauernd. Oder er lobte mich grundlos: »Beckenbauer. Du bist der Beste!« Dabei lachte er mich manchmal sogar ein wenig aus, weil meine Schuhe vom Fußballspielen vorne ständig völlig abgewetzt waren, zum Leidwesen meiner Mutter. Wo und wann es sich ergab, trat ich gegen einen Ball. Deswegen war ich einer von diesen Jungs, die sandalenuntauglich waren. Wenn es dann doch mal so war, dass ich Sandalen anziehen musste, wusste ich: Das wird wieder mal ein übler Erwachsenentag.

Wie damals, an jenem staubtrockenen Sommertag irgendwann Ende der Siebziger, als Onkel Dobrivoje aus Belgrad uns besuchen kam und ich mit ihm und den anderen Erwachsenen und meinen verhassten Sandalen nach Kumrovec musste. Zum Geburtshaus vom Alten, vom *Stari* also, wie sie ihn alle, na ja fast alle, liebevoll nannten: Josip Broz Tito.

Dort, inmitten einer nicht endenden Schlange von Menschen, verlor Onkel Dobrivoje sein Lächeln und auch alle anderen waren an diesem Vormittag irgendwie angespannt und sehr, sehr ernst.

Damals, 1979, hat Branka Šprem-Lovrić ihre neue Arbeitsstelle in Kumrovec angetreten. Möglicherweise sind wir einander begegnet. Ein missmutiger Sandalen-Beckenbauer und die junge Volkskundlerin, die plötzlich für das Freilichtmuseum Staro Selo, Altes Dorf, zuständig war, mitverantwortlich für den Erhalt eines außergewöhnlichen, weil politisch hoch aufgeladenen Kulturerbes. Kumrovec – das war das Mekka des titoistischen Jugoslawiens. Eine Pilgerstätte der Kommunisten. Denn in dem restaurierten Dorf steht bis heute das besagte Geburtshaus des charismatischen Partisanenführers, der 1882 als siebtes von fünfzehn Kindern von Marija und Franjo Broz in einem einfachen, kalkweiß getünchten Bauernhaus geboren wurde.

Branka Šprem-Lovrić, die ich in den letzten Jahren mehrfach zum Gespräch getroffen habe, denkt mit einem Schaudern an jene Zeit, als bis zu eineinhalb Millionen Besucher jährlich in das idyllisch an der Grenze zu Slowenien gelegene Tal des Zagorje strömten. »Das war ein politisch verordneter Tourismus«, kommentiert Branka Šprem-Lovrić mit einem dezenten Anflug von Häme. Busladungen voller Schüler, Rentner, Pioniere, Betriebsausflügler. Aber man kann es irgendwie verstehen, schließlich stand das Arbeitsethos der Ethnologin auf dem

Spiel. »Alle kamen nur wegen Titos Haus, für das Dorf interessierten sich die wenigsten.«

Stimmt schon. Als ich damals mit Onkel Dobrivoje in das am Fluss Sutla gelegene Örtchen kam, war es genauso. Wir waren Tito-Wallfahrer. Und alle standen wie wir an, um dem einzigen Helden näher zu sein, etwas zu suchen, was nicht zu finden war, was aber in jedem beliebigen Haus zu entdecken gewesen wäre. Branka Šprem-Lovrić steht in der Wohnküche der Familie Broz, wo Tito zur Welt kam. Auch an diesem Haus, erklärt die Wissenschaftlerin, kann man alles erkennen, was typisch für die damalige ärmliche und doch sehr funktionale Einrichtungsweise war. Immer stand in der Diagonalen zur Eingangstür ein Bett, darunter ein zweites zum Ausziehen. Auf derselben Seite schließlich der große Tisch über dem an der Wand das Kruzifix samt Heiligenbild angebracht war: der heilige Georg, Schutzpatron für das Zagorje. Im gegenüberliegenden Teil des Gebäudes wartet eine Ausstellung auf den Besucher, die das Leben Titos nachzeichnet. Die Schau ist im Grunde seit Jahrzehnten dieselbe geblieben und wirft einen eher glorifizierenden als kritischen Blick auf die Biografie des selbst ernannten Marschalls. Eine Uniform, ein Fernglas, ein Feuerzeug. Auch ein gefälschter schwedischer Pass von 1939, in dem Tito mit John Alexander Carlsson unterschrieben hatte, einer seiner zahllosen Decknamen, mit dem er als Mitarbeiter der Komintern zuarbeitete, der Kommunistischen Internationalen. Zeitungsausschnitte an den Wänden, verschwommene Fotografien. Alles in allem: ein Held. Und das, obwohl die kroatische Öffentlichkeit schon längst ein ganz anderes Bild vom Vorzeigejugoslawen verinnerlicht hat: das eines Diktators, der Andersdenkende und Regimegegner verfolgen, foltern und einsperren ließ. Goli Otok, die Strafinsel, steht bis heute für das Martyrium vieler, die opponierten.

Mindestens so interessant wie die Ausstellungsobjekte erscheint einem das Gästebuch. Liebeserklärungen, wo man auch aufschlägt. »Du warst und wirst für immer in meinem Herzen bleiben.« – »Wie glücklich bin ich, dass ich dein Pionier sein durfte.« – »Mit dir zu leben, war schön.« Und so weiter. Das chinesische Staatsfernsehen hat sich auch verewigt. Geradezu unwirklich. Alles frische Einträge, täglich kommen neue hinzu, obwohl der Geliebte schon vier Jahrzehnte unter der Erde ist und inzwischen eine ganze Generation auf dem Balkan aufgewachsen ist, die von Tito nicht mehr kennt als das, was der Souvenirstand am Museumseingang feilbietet: T-Shirts mit Konterfei, Postkarten, Fotos, auf denen ein korpulenter, breitschultriger älterer Herr mit Sonnenbrille zu bewundern ist. Ein ferner Mythos. Und im Nebenraum gibt es noch einen nicht richtig runden Welschriesling namens »Titovo vino«.

Onkel Dobrivoje jedenfalls hat keinen Eintrag hinterlassen, obwohl der Hausherr sein Vorgesetzter war. Für ihn ging er in den Untergrund, für Tito verlor er drei Tage vor der Befreiung Belgrads im Oktober 1944 sein linkes Bein. Vielleicht war er ihm sogar einmal begegnet, wer weiß. Tito, so heißt es, hat immer an vorderster Linie mitgekämpft. Onkel Dobrivoje erzählte jedenfalls niemandem etwas davon. Für die meisten in unserer Familie war er ein seltsam schwacher Held, einer, den man sich nicht in Uniform vorstellen konnte. Oft kränkelnd, an Phantomschmerzen leidend, Schach spielend, mit seinem himmelblauen VW Käfer ganz Jugoslawien bereisend. Ansonsten schwieg er. In Kumrovec lächelte er nicht einmal.

Tito, auch das eine Art Künstlername, war nicht nur ein unbarmherziger Partisanenführer, der mit seinen schlecht ausgerüsteten, aber hoch motivierten Freiwilligenverbänden in einem blutigen Bürgerkrieg die übermächtig scheinende Deutsche Wehrmacht, die mit ihnen verbündeten kroatischen Ustascha und die serbischen königstreuen Četnik-Verbände um Draža Mihailović nahezu im Alleingang besiegte. Später war er der erste Kommunistenführer, der sich Stalin und seiner Politik der sowjetischen Satellitenstaaterei widersetzte. Nein, Tito war auch ein begnadeter Selbstvermarkter mit schizoiden Zügen, der es verstand, sich einerseits nach außen als großbürgerlicher polyglotter Bonvivant zu präsentieren, auf seiner prächtigen Adriaresidenz Brioni mit den bekanntesten Schauspielern und Staatsoberhäuptern die Küstenluft zu schnuppern, Jachtausflüge, Champagner und Safari im hauseigenen Zoo inklusive. Und sich andererseits nach innen als bescheidener Mann aus dem Volke anzupreisen, ein Bauernsohn und gelernter Schlosser, der als unterjochter Proletarier seinen idealistischen Weg ging, um als weltweit angesehener Präsident des sozialistischen Vielvölkerstaats 1980 als Heiliger der Atheisten aufzuerstehen. Bei seinem Trauerzug kondolierten zweihundertsieben Delegationen aus hundertsiebenundzwanzig Staaten zu Chopins »Marche funèbre«. Für den Kult um seine Person benötigte Tito, der waschechte, serbophile Kroate, somit eine weihevolle Wallfahrtsstätte. Ein möglichst einfaches Bild mit Identifikationspotenzial.

So begann man schon wenige Jahre nach dem Ende des Zweiten Weltkriegs mit der Restaurierung der ersten verlassenen Bauernhäuser um Titos Geburtshaus – unter anderem mithilfe von deutschen Kriegsgefangenen! Wie symbolträchtig. Man wollte der industrialisierten Nachwelt das typische Bauernleben um 1900 in einem Dorf im Zagorje hinterlassen. Immer neue Häuser in der nächsten Umgebung werden aufgekauft, sobald die Bewohner sich dazu bereit erklären oder keine Nachkommen die heruntergewirtschafteten oder verlassenen Höfe übernehmen wollen. Das hat sich bis heute nicht geändert. Und das ist wirklich eindrucksvoll: Dass das Museum keines von diesen künstlich aufgebauten Ethnodörfern ist, sondern eines, das aus lauter sanierten Originalen auf ihren erhaltenen unverrückten Fundamenten besteht.

Mittlerweile ist man in Kumrovec stolz darauf, dass sich die Arbeit der Handvoll Mitarbeiter trotz der Liebesgrüße aus Peking, Belgrad und sonst woher im Gästebuch immer stärker vom Tito-Hype emanzipiert. Die Installationen in den anderen Häusern und Stallungen im Freilichtmuseum – es sind inzwischen rund vierzig – illustrieren eindrücklich, wie Korbflechter, Schmiede, Töpfer, Winzer und Wagenmacher ihr täglich Brot verdienten. Puppen sind das ganze Jahr die Bewohner der Räume, die man auch ganzjährig besuchen darf. Doch im Sommer gibt es Workshops und Vorführungen von ausgewiesenen Spezialisten ihres Handwerks, und weil die grüne Bewegung auch in Kroatien ihre Wirkung zeigt, kann man sogar von einer Wiederentdeckung der sanften Bauweise sprechen. Die ersten Häuser in der Umgebung haben schon wieder Reetdächer, wie man sie auch im Norden Deutschlands kennt. Fast zwanzig Prozent der Besucher kommen aus dem Ausland. Was aber gerne verschwiegen wird: Ein Hauptbesuchstag jedes Jahr, an dem wieder die Busse anrollen, ist und bleibt der 25. Mai – der Geburtstag Titos. Zum Geburtstag im Jahr 2019 waren es inoffiziellen Schätzungen zufolge mehr als zehntausend Bewunderer Titos, die in Kumrovec ihrem Helden huldigten, darunter auch junge Menschen, viele von ihnen hatten eine weite Anreise.

Beckenbauer. Das war eigentlich in Ordnung so. Andere Verwandte sagen einem Jungen meist dämlichere Sachen. Vor allem eine gewisse Tante, die sich immer von hinten anschlich, mir einen eklig nassen Schmatzer aufdrückte oder in die Backen kniff und dazu *»Moje zlato«*, mein Goldstück, rief. Welcher junge Mann will ein Goldstück sein? Ich war lieber Beckenbauer. Und Dobrivoje war der nette Onkel. Und Tito war nun mal Tito.

Doch heute ist alles anders. Ich stehe mit Mitte vierzig wieder in Kumrovec, in Titos Geburtshaus, allein, ohne Onkel. Ich denke mir: So richtig okay kann das alles nicht gewesen sein. Der Onkel hatte damals nicht gelächelt, vielleicht hatte er schon keine Lust mehr auf diesen peinlichen Kult um einen einzigen Menschen. Über den Krieg hat er nie eine Silbe verloren. Und während mir klar wird, dass es eigentlich ziemlich komisch und traurig ist, wenn dich der amputierte Onkel ständig mit dem zweibeinigen Fußballgott der Siebziger vergleicht, ein Partisan, der immer nur einen deutschen VW Käfer fuhr und den Bayern Beckenbauer mehr als alle anderen Stars von Roter Stern Belgrad oder Dinamo Zagreb schätzte, steht plötzlich ein recht alter, hagerer Herr hinter mir im Raum. Geräuschlos taucht er neben mir auf. Abgewetzter dunkler Anzug, Pullunder über hellblauem Hemd mit viel zu weitem Kragen, eine Baskenmütze. Kalte Augen. Er hinkt, vielleicht ist er ein Veteran, denke ich, möglicherweise ist es aber auch nur das Alter. Der Zucker, Rheuma, wer weiß. Ich fasse mir ein Herz, stelle mich vor, frage ihn, was er zu dieser Ausstellung meint, schließlich gibt es sie mit kleinen Veränderungen schon seit 1953 in dieser Form, ich hole aus … aber er antwortet barsch, abweisend. Auf Kroatisch. »Ach, was wisst ihr Jungen schon von unserem Kampf.« Dann verlässt er das Haus. Das wollte ich nicht. Der Mann scheint verbittert. Ich blättere nochmals im Gästebuch und finde zwischen vielen Liebesgrüßen auch folgende Eintragung ohne Unterschrift: »Wer kennt schon die Wahrheit?«

Wenn ich demnächst wieder an der Autobahnausfahrt nach Kumrovec vorbeifahre, werde ich zuerst an diese Frage denken. Und dann stelle ich mir vor, wie Beckenbauer mit Onkel Dobrivoje einen Doppelpass spielt. Und Tito schaut zu.

Happy Antivalentinstag!

Olinka und Dražen waren mal ein Liebespaar. Nach der Trennung gründeten sie in Zagreb das Museum der zerbrochenen Beziehungen

Ihre Liebe hielt gerade mal vier Jahre lang. Zwei Mittdreißiger, die sich trennen, in einer Großstadt wie Zagreb, sie Filmproduzentin, er Kulturmanager und Bildhauer, keine Kinder, unverheiratet: Diese Geschichte klingt weder besonders aufregend noch außergewöhnlich traurig. Immerhin vier Jahre. Manche halten es ja nicht einmal eine Nacht lang mit einer fremden Person im selben Zimmer aus. Aber bei Leuten wie Olinka Vištica und Dražen Grubišić denkt man sich: das Übliche eben. Keine Prügel. Dafür mindestens ein gravierendes Missverständnis. Böse Worte. Tausend Vorwürfe. Gläserweise Tränen. Und dann die Umzugskartons aus dem Baumarkt. Das Ende einer Liebe.

Doch Olinka Vištica und Dražen Grubišić sind Künstler. Kreative Menschen, die ihre früheren Hoffnungen und Erinnerungen nicht einfach so auf den Seelenmüll werfen, im Alkohol ertränken. Nach dem ganzen Stress beschlossen sie erst einmal, Freunde zu bleiben. Das war im Jahr 2005. Als Zweites sichteten sie, was von den vier meist schönen Jahren an Dingen übrig geblieben war, die mehr waren als nur wertlose Gegenstände.

Und tatsächlich tauchten nach genauerer Betrachtung überall Artefakte ihrer vergangenen Liebe auf, die aufgeladen waren mit zwiespältigen Gefühlen und Erzählungen. Alles kann zu Kunst recycelt werden, sogar das persönliche Scheitern. Schließlich kamen Olinka Vištica und Dražen Grubišić auf eine verrückte, auf den ersten Blick auch ziemlich egozentrisch anmutende Idee: die Gründung eines Museums der zerbrochenen Beziehungen. Eine Dingschau, möglichst frei von Kitsch und Pathos.

Von wegen. Das erste Ausstellungsobjekt ist ein süßer Plüschhase. Ausgerechnet. Noch kitschiger geht es wohl kaum, denkt man. »Der Hase hat uns immer begleitet, auf all den Fernreisen, auf denen wir nicht gemeinsam unterwegs sein konnten«, sagt die nunmehr siebenundvierzigjährige Olinka Vištica. Der weiße Knubbel war stets und überall dabei, wurde an den Orten der Einsamkeit fotografiert, zum Zeichen der gegenseitigen Verbundenheit. Heute wartet das Plüschtierchen mit Hunderten weiteren Objekten in Gornji Grad, in der Oberstadt Zagrebs in einem kleinen, aber feinen Museum in der Ćirilometodska ulica unweit des Sabors, des kroatischen Parlaments, auf Besucher aus aller Welt.

Man kann sich keinen besseren Ort für die gut dreihundert Quadratmeter große Ausstellung vorstellen. Zagrebs an vielen Ecken barockes Viertel ist das, was man häufig in Touristenführern liest: romantisch. Gornji Grad gilt als das kulturelle Zentrum von Zagreb, weil sich hier viele Museen und Kunstgalerien befinden. Reisegruppen aus China,

Japan und Spanien kommen aus dem Staunen nicht heraus. In der heißen Junisonne tappen sie mit offenem Mund einem Reiseführerschirm hinterher und wundern sich augenscheinlich, dass eine ehemalige Großstadt des untergegangenen sozialistischen Jugoslawien sich dermaßen heimelig, kakanisch, mitteleuropäisch und herausgeputzt präsentieren kann. Dabei schlugen hier noch im Mai 1995 serbische Raketen ein, auch hier in der Oberstadt, nur wenige Schritte vom heutigen Museum der zerbrochenen Beziehungen. Der militärisch sinnlose Angriff kostete sieben Zagreber das Leben.

Der Krieg ist Vergangenheit. Kroatien ist Mitglied der Europäischen Union. Gornji Grad gehört den Künstlern und Touristen, knutschende Paare sitzen wie eh und je unweit der Ćirilometodska Straße auf umschatteten Bänken mit bester Aussicht auf die Kapitale und können sich nicht vorstellen, dass vielleicht bald auch ein Symbol ihrer heißen Liebe im Museum von Olinka Vištica und Dražen Grubišić enden wird. Dražen Grubišić, der inzwischen mit einer anderen Frau nach eigenen Angaben glücklich verheiratet ist und Kinder hat, beschrieb den Besuch des Museums in einem Interview als »Antivalentinstag«.

Von überall her kommen die Beziehungssouvenirs meist per Post in die kroatische Hauptstadt, längst können nicht alle Sachen ausgestellt werden. Auch aus dem ehemals feindlichen Serbien gibt es Schenkungen, was in doppelter Hinsicht die kreative Aufarbeitung einer gescheiterten Beziehung darstellt. In einer Nische mit erotischem Spielzeug hängt beispielsweise ein fleischfarbenes Ungetüm an der Wand. Künstliche Brüste zum Umschnallen, daneben steht: »Bitte nicht berühren«. Nein, das will man wirklich nicht. Nur lesen will man jedes Wort davon, was neben den Latexbrüsten in kleiner Schrift, aber recht ausführlich berichtet wird. Eine Serbin bekam sie von ihrem Mann geschenkt, sein Wunsch war es, dass sie die Brüste beim Sex umschnallen sollte. Die Frau tat es, glücklich aber wurde sie dabei nicht: »Die falschen Brüste, selbstverständlich größer als meine, erregten ihn. Ich war enttäuscht und verließ ihn für immer.« Es war das Ende einer dreijährigen Ehe.

Liebe ist nun mal mehr als Sex. Davon zeugen auch die pinkfarbenen, mit Kunstpelz überzogenen Liebeshandschellen, eine essbarer, nie benützter Slip einer Schweizerin, die per E-Mail abserviert wurde, oder auch diese spezielle Lotion, die sich manche beim Sex sonst wohin schmieren. Letztere wurde von einer Mutter als Scheibenreiniger nach der Trennung zweckentfremdet. Die Frau, heißt es, sei begeistert gewesen. Das Fläschchen steht jetzt im Museum, das jahrelang auf Welttournee war und eine Auszeichnung als innovativstes Ausstellungskonzept Europas verliehen bekam, bevor es 2011 seine feste Adresse in Zagreb beziehen konnte.

Das Museum gibt es nun seit bald zehn Jahren an einem festen Ort, ja es ist sogar mit einer Filiale in Kalifornien vertreten. Und weil die Schau wie ein gieriger Organismus ist, der täglich gefüttert wird, kann man an der Zusendung und Auswahl der Objekte den Wandel unserer Zeit ablesen, aber auch die veränderten Praktiken, wie wir uns trennen. Die Digitalisierung nimmt einen größeren Raum ein, die Dinge sind weniger haptisch. Immer mehr E-Mails und digitale Fotodateien werden ins Museum geschickt. Inzwischen sind es dreitausend Objekte, die nach Gefühlen geordnet sind. Trauer. Hass. Humor.

Schluss, aus und vorbei. Jedes Ding erzählt dieselbe Geschichte auf eine andere Weise. Das Ende ist immer vorhersehbar, nur die Pointe ist es nicht. Die Namen der Menschen sind der Museumsleitung bekannt, in der Ausstellung bleiben sie anonym. Obwohl die Texte auf Englisch und Kroatisch neben den Objekten nie anzüglich wirken, sondern bei aller persönlichen Note immer nüchtern gehalten sind, wird man als Betrachter dennoch zum Voyeur einer fremden, authentisch scheinenden Beziehung. Alle Dinge sprechen einen unmittelbar an, selten sieht man die Besucher in einem anderen Museum dermaßen akribisch Texte lesen, manche sind wirklich lang. Neben der Erotiknische folgt die martialische Abteilung. Von einer Berlinerin stammt eine Axt. Die »Ex-Axt« wie sie sie selbst bezeichnet. Als die Frau von ihrer Liebe verlassen wurde, wusste diese nicht wohin mit ihrem Zorn, zumal die andere ihr ganzes Mobiliar hinterlassen hatte. Zum Glück gibt es in Berlin wie überall in Deutschland Baumärkte. Und Äxte, mit denen man die Möbel von Untreuen zerschlagen kann. Es muss grausam gewesen sein, vor allem für die Ohren der Nachbarn. Andere haben nicht einmal Zeit, sich eine Axt zu besorgen. Eine Frau sieht das

Auto ihres Mannes eines Abends zufällig in einem abgelegenen Stadtteil stehen. Sie ahnt nichts Gutes – und tritt beherzt gegen den Außenspiegel. Am nächsten Tag lügt der Mann sich um Kopf und Kragen, fabuliert etwas von einem Unfall. Die Sache ist klar. Heute lebt der Kerl mit jener Frau zusammen, die in dem Haus wohnte, vor dem das Auto parkte. Der zerdepperte Außenspiegel ist alles, was vom einstigen Glück übrig blieb.

Die Schau umweht der Geist von Marcel Duchamps Readymades. Bei den Objets trouvés, wie sie im Französischen etwas präziser benannt sind, handelt es sich um Kunstwerke, die – wörtlich übersetzt – aus vorgefundenen Alltagsgegenständen entstanden sind. Das Problem der faszinierenden Ausstellung in Zagreb ist aber: Die Readymades stammen nicht von Künstlern. Bis auf eine einzige Ausnahme: der weit gereiste Plüschhase von Olinka Vištica und Dražen Grubišić. So betrachtet sind die Dinge im »Museum der gescheiterten Beziehungen« nichts anderes als zum Sprechen gebrachter Abfall. Nachdem sie ihre Geschichte fertig erzählt und damit ihr Geheimnis offenbart haben, werden sie augenblicklich uninteressant – anders als Duchamps berühmtes Urinal aus dem Jahr 1917, das auf ewig rätselhaft bleibt. In Zagreb geht man von Objekt zu Objekt, trauert, ekelt sich, lacht. Nicht künstlerisch, dafür therapeutisch wertvoll ist dieser Parcours. Man denkt wie so oft: Lieber ein museales Ende mit Schrecken als ein Schrecken ohne Ende. Und wenn nichts hilft, hilft der Baumarkt.

Echt leicht, einen Parkplatz zu finden

Die Schlösser und Herrenhäuser Zagorjes erzählen Historisches und mindestens eine Erfolgsgeschichte

Schwester Miroslava schüttelt den Kopf. Nein, das gefällt ihr gar nicht, was sie am Ende des weitläufigen Parks sieht. »Es ist doch Sonntag. Wieso arbeitet er heute auf dem Feld?« Sie hat Schweißperlen auf der Stirn. Die Julisonne strahlt aus einem weißgrauen Himmel auf die Südseite des Gebäudes. Es könnte ein Gewitter herüberziehen über das flache Land. Die Neunundfünfzigjährige steht in ihrem schwarzen Ornat auf dem breiten Treppenvorplatz am Hintereingang des Schlosses und ärgert sich über den Bauern auf seinem Traktor, der am siebten Tag des Herrn über den Acker tuckert. Aber sie ist nicht wirklich böse. Sie weiß schließlich, wie es ist, wenn man von der eigenen Saat lebt. Es ist nicht lange her, da musste auch Schwester Miroslava hinaus mit der Hacke, so arm waren sie und die anderen Vinzentinerinnen. Das Schloss Lužnica in dem westlich von Zagreb gelegenen Städtchen Zaprešić war ihr Zuhause und diente zwanzig Schwestern als klösterliches Altersheim. Es ist einer der schönsten Bauten dieser Art im Lande, ein Schloss der ersten Denkmalkategorie. U-förmiger Grundriss. Ornamentale zylinderförmige Ecktürme. Auf der cremefarbenen Fassade lustige Köpfe als Reliefverzierungen. Ein blutrotes Dach. Und alles wunderbar in Schuss.

Aber irgendetwas kann hier nicht stimmen. Wieso mussten die Schwestern Schweine züchten, Weizen anbauen und Kartoffeln ausbuddeln – und lebten gleichzeitig in dieser ehrwürdigen Residenz? Hat die Kirche so viel und so wenig Geld, um ein restauriertes Barockschloss im Zagorje als Altersheim für einige ältere Damen auszugeben, die wiederum einen Knochenjob als Bäuerinnen leisten? Absurd, oder nicht? »Sie schauen ungläubig«, sagt Schwester Miroslava, die offenbar Gedanken lesen kann. Sie neigt den Kopf, öffnet die große Tür und winkt den Gast herein ins kühle Foyer. »Na, dann erzähle ich Ihnen die ganze Geschichte.« Und während die Vorsteherin die Schlossbesichtigung persönlich vornimmt, mit einer erstaunlichen Kondition die langen Korridore und blanken Treppen nimmt, spricht sie im leisen Singsang davon, wie es dazu kam, dass eine einfache Ordensschwester wie sie sich vor einigen Jahren ein Herz fasste, ein vor sich hin gammelndes Schloss samt Park sanierte und für den Bau eines neuen, multifunktionalen Begegnungs- und Schulungsgebäudes gleich nebenan die nötigen Kanäle und Mittel fand. Und wie sie heute zudem noch Menschen in Seminaren ins Gleichgewicht zurückhievt, die sich eine geistig-seelische Erneuerung wünschen und deswegen ins Schloss nach Lužnica kommen. Samt Workshops, Naturbegehungen, Kräutergarten und Biobäckerei.

»Schwester Miroslava, Sie sind ja so etwas wie eine Managerin.« – »Managerin? Ach, wie lustig das klingt. Wenn Sie meinen. Aber was blieb mir und unseren Schwestern übrig?« Aus der Not wurde eine seltene Tugend: Denn nur diese beispiellose Initiative rettete eines der vielen, für das Zagorje typischen Schlösser vor dem endgültigen Verfall.

Die Barmherzigen Schwestern des heiligen Vinzenz von Paul kennt in Kroatien und vor allem in der Hauptstadt jeder. Der Orden kam bereits Mitte des 19. Jahrhunderts ins Land: Sechs Vinzentinerinnen aus Innsbruck und Zams in Tirol folgten einer Einladung von Kardinal Haulik, um fortan in Krankenhäusern, Altersheimen und Schulen wertvolle Dienste zu leisten. Auf der ganzen Welt arbeiten die Barmherzigen Schwestern als Lehrerinnen oder Pflegerinnen, doch in Zagreb, wo rund zweihundert Frauen leben, schlägt das Herz des Ordens.

Schloss Lužnica und die acht Hektar große Parkanlage wiederum sind seit 1925 im Besitz der Klosterfrauen, die sie von der Witwe des Barons Geysa Rauch gekauft haben. Ein wichtiger Name in der kroatischen Geschichte. Rauch war von 1868 bis 1871 Banus von Kroatien, Slawonien und Dalmatien, und während seiner eigentlich kurzen Amtszeit hat er mit Ungarn einen bis heute für intellektuelle Nationalgesinnte entscheidenden Ausgleich mit Ungarn geschlossen. Seine Wirkung ist nach wie vor immens. Es war der erste Schritt hin zu einer moderaten politischen und ökonomischen Selbständigkeit, und zwar auf diplomatischem Wege. Andere kämpften zuvor auf Schlachtfeldern, werden bis heute als gegossene Helden auf Plätzen verehrt. Doch Rauch schwang die Feder statt den

Säbel. Der Banus war der Begründer der Unitaristischen Partei, die Ungarn sehr nahestand, und ermöglichte so dem nördlichen Nachbarn einen größeren Einfluss auf die kroatische Politik. Er erahnte die kommende Schwächung der österreichischen Allmacht und versuchte in dieser Situation das Kaiserreich gegen Ungarn auszuspielen, das ohnehin in der östlichen Peripherie des riesigen kakanischen Reiches seine faktische Dominanz ausbauen wollte. Wenn zwei Große sich streiten … Und so wurden plötzlich alte, aus der Zeit der Kriege gegen die Osmanen errichtete Militärgrenzen zwischen den Bündnispartnern aufgelöst und Österreichs mächtige Heeresführung verlor in Kroatien die Kontrolle über große Teile des Landes. Als Dank bekamen Rauch und Kroatien die wegen der fruchtbaren Erde reiche Provinz Syrmien (Srijem), die heute teilweise zu Kroatien und teilweise zu Serbien gehört. Was dazu führte, dass die ultranationalistischen Kräfte auch in der Gegenwart die Grenzsteine des imaginären großkroatischen Reiches bis kurz vor die Tore Belgrads setzen.

Das Schloss in Lužnica kam später in den Besitz der Barmherzigen Schwestern, die aber auch nur für kurze Zeit aus dem Vollen schöpfen konnten. Mit der Machtübernahme der Kommunisten nach dem Zweiten Weltkrieg wurden die Ländereien des Ordens enteignet, weshalb die Schwestern auf dem eigenen Acker Gastarbeiterinnen waren, ohne Rechte, das Land zu verkaufen oder selbst für gutes Geld zu verpachten. Am Schloss selbst konnten nur die notwendigsten Reparaturen erledigt werden, weil das Geld und die Unterstützung fehlten. Gerade kirchliche Institutionen konnten nicht auf substanzielle Hilfen durch den jugoslawischen Staat hoffen. Diese Zeit bis zur Unabhängigkeitserklärung Kroatiens umschreibt Schwester Miroslava mit dem Begriff der »Dunkelheit«. Umso schlimmer, als auch nach der politischen Wende Anfang der Neunziger nicht gleich alles besser wurde, im Gegenteil. Das Land war im Krieg gegen Serbien. Wer dachte da an die Vinzentinerinnen in Lužnica, die älter wurden und kaum mehr in der Lage waren, sich selbst zu versorgen? Die anderen, die noch konnten, waren nun überfordert. »Es gab keine ordentliche Heizung«, erzählt Schwester Miroslava und zeigt in einem der Gänge mit dem Finger auf einen der kniehohen, in die Wand eingelassenen Kachelöfen, die zwar raffinierter und wärmer aussehen als eine sachliche Zentralheizung, es aber nicht sind. Zu allem Übel gibt es in so einem Gebäude aus dem 18. Jahrhundert kalte Steinböden und vor der Sanierung völlig veraltete Toiletten und Waschgelegenheiten. »Oh Gott, oh Gott«, jammert Schwester Miroslava und winkt ab.

Aufgegeben hat sie aber nicht. Eine Komplettlösung für all die Probleme musste her und die Managerin wider Willen fand in Renovabis, einer kirchlichen Einrichtung mit Hauptsitz in Bayern, den zuverlässigen Berater und Financier, der die Schwestern bei ihren Plänen unterstützen wollte. Renovabis ist in Osteuropa aktiv, fördert mit Spendengeldern gezielt katholische Ordenshäuser. Der Bau des Schulungsgebäudes, in dem nun auch das

Altersheim untergebracht ist, und sechzig zusätzlicher Schlafplätze für Seminaristen sowie alle Renovierungsmaßnahmen kosteten Millionen. Der Großteil kam aus Deutschland, wobei auch die lokalen Netzwerke halfen. Schwester Miroslava klapperte alle Firmen ab, die sie kannte. Die einen spendeten Zement, die anderen schickten nach Feierabend ihre Arbeiter, die freiwillig und unentgeltlich mit anpackten. Obwohl es nicht immer so einfach war. »Es gab da einen Bauunternehmer hier in Zaprešić, der beschimpfte mich regelrecht, als ich ihn um Hilfe bat. Immer muss man der Kirche etwas schenken, schrie er, und versuchte mich vom Hof zu scheuchen«, erzählt Schwester Miroslava. Aber sie stellte sich stur und keifte zurück. »Erst habt ihr es uns weggenommen, und jetzt sagt ihr, es seien Geschenke.« Am Ende hatte der Mann das Argument verstanden und spendete auch.

Solche und andere Geschichten könnten mit ein bisschen Glück und Engagement einige Herrensitze und Schlösser Kroatiens erzählen, von denen die meisten im Norden des Landes zu finden sind, mehr als fünfzig davon im Zagorje.

Und doch ist das Beispiel Lužnica eine Ausnahme, weil die meisten dieser Residenzen ihre Fresken, Familienwappen, Kapellen und Stuckverzierungen längst verloren haben, im Kampf gegen den Unverstand früherer Generationen und die Mühlen der Zeit. Nur wenige vorzeigbare Bauten wurden in Hotels oder Museen umgewandelt, manche blieben in Privatbesitz. Ansonsten sind sie überall zu besichtigen, die einsamen und vergessenen Mauern:

ausgehöhlte, geplünderte, verbleichende Ruinen – Zeugen einer anderen Identität. Die Traurigkeit, die von diesen überwucherten Parkanlagen und Schlössern ausgeht, hat ihren Ursprung in einer kindischen Schwelgerei, in einer nostalgisch-verklärten Sicht auf die Vergangenheit. Man fragt sich jedes Mal: Wer waren bloß diese Menschen, die in diesem Winkel Europas eine vielfach abgeschottete, elitäre Schicht bildeten, die Kutschen vorfahren ließen, auf die Jagd gingen, zu Hauskonzerten einluden? Wie war es möglich, den herrschaftlichen, in der kakanischen Metropole Wien erlernten Lebensstil in die agrarisch geprägte kroatische Provinz zu importieren? Wie öde sah wohl der Tag einer Landprinzessin aus, die dazu verdammt war, am Rand des Geschehens fernab aller Bälle und Nachmittagstees zu versauern? Ein Hauch von Tschechow'scher Melancholie umweht diese Orte.

Die ersten Schlösser entstanden Anfang des 17. Jahrhunderts im Zagorje, nirgendwo sonst in Kroatien gibt es so viele. Sie hatten zwei Funktionen: Als Sitz eines Adelsguts dienten sie zum einen der Bewirtschaftung, zum anderen waren sie Wohnsitz. Der Adel war privilegiert, ließ immer neue Bauten errichten und suchte sich dafür oft die schönsten Gegenden aus. Die Romantiker ignorieren gerne die Tatsache, dass der feudale Lebensstil über Jahrhunderte hinweg mit der Unterdrückung der bitterarmen Landbevölkerung Hand in Hand ging. Als Leibeigene schufteten sie auf den Feldern der Grafen und Barone. Noch zu Beginn des 20. Jahrhunderts – das erzählen die Ältesten –

mussten Bauern, wenn die Kutsche des Grafen Oršić in Gornja Stubica ihnen entgegenkam, sich tief verneigend auf die Knie fallen. Auch deswegen hatten die kommunistischen Machthaber für die rund vierhundert Bauten dieser Art auf dem heutigen kroatischen Gebiet vor allem ein praktisches Konzept im Sinn: die Nutzung der ehemaligen Feudalsitze als Waisenhäuser, Krankenhäuser sowie Pflege- und Altersheime. Niemand wollte mehr die Patina des Elitären vor dem gemeinen Volke schützen. Jeder hat die Erinnerung, wie er einmal als Kind in einem dieser geheimnisvollen Häuser gespielt hat. Sich versteckt und durch zerbrochenes Glas geschaut hat. Mit anderen Mutigen auf Geistersuche gegangen ist. Anderswo mussten Kinder mit ihren Eltern Eintritt bezahlen und sich langweilen, weil überall »Bitte nicht berühren« stand. Aber Schlösser in Kroatien waren lange Zeit Allgemeingut. Nicht selten wurde aus einem Spiegelsaal ein Schweinestall. Im heute völlig derangierten Schloss von Poznanovec residierte bekanntermaßen eine Hühnerfarm. In Oroslavje wohnen bis heute Menschen in einem der maroden Flügel, der Innenhof dient als Parkplatz.

In wenigen Fällen wurden die Schlösser abgerissen. Im Kommunismus ging es um etwas anderes. Das Ziel war gewissermaßen die ideologische Zwangsumerziehung der Schlösser, dieser steinernen Klassenfeinde. Heute wird ein Drittel der kroatischen Schlösser überhaupt nicht mehr genutzt, ein Drittel wird nur vorübergehend genutzt, »und jedes zweite Schloss ist in einem schlechten

Zustand«, sagt Mladen Obad Šćitaroci. Er ist Dozent an der Zagreber Fakultät für Architektur und Verfasser vieler Studien zur Gartenarchitektur. Die Parkanlagen und Schlösser des Landes sind sein Spezialgebiet. Seit Jahrzehnten forscht er zu diesem Thema, immer mit dem kritischen Blick für das anhaltende Desinteresse des Staates an diesem historischen Erbe. Allmählich ändert sich die Haltung, auch weil man bemerkt hat, dass Schlösser und Herrenhäuser in anderen Ländern scharenweise Touristen begeistern. Einen wichtigen Erfolg verbuchten die Denkmalschützer in Kroatien, als sie vor einigen Jahren Unterstützung von der Europäischen Union bekamen. Am EU-Projekt »Villas – Stately Homes and Castles« sind sechzehn Regionen, Universitäten und Institute aus Italien, Griechenland, Kroatien und Österreich beteiligt. Wer heute Näheres erfahren möchte über die Lage, die Geschichte und den aktuellen Zustand der Schlösser findet alle Informationen auf der Website *www.dvorci.hr*. Die Erfassung dauerte drei Jahre. Das Ziel: »Konzepte für eine neue, zeitgemäße Nutzung der Schlösser und Herrenhäuser zu erarbeiten«, so Mladen Obad Šćitaroci nach Abschluss der Studie in einem Interview. Allerdings hält er wenig davon, sich Großbritannien oder Deutschland zum Vorbild zu nehmen, wo das Thema Nostalgie und Romantik eine zentrale Rolle im Schlössertourismus spiele. Es gehe vielmehr darum, die Burgen, Schlösser und Herrschaftshäuser zu revitalisieren, besser zu nutzen und zu vermarkten. Das erfordert kreative Ansätze, Eigeninitiative, Investoren und natürlich die Bereitschaft der einzelnen Gespanschaften und Kommunen, sich zu engagieren.

Doch das dauert. Und so kommt es dann, dass manch eine Schlössertour im Zagorje vor einem Schlagbaum endet und ein Pförtner fragt, ob man jemanden besuchen wolle. Immerhin sind die meisten Wege zu den Landhäusern bestens ausgeschildert. In Lobor etwa, dem früheren Wohnsitz einer der ältesten und angesehensten Familien Kroatiens, der Keglevićs, hört man, wenn man sich ordentlich anstrengt und in sich hineinhorcht, Beethoven. Der Komponist hat der musikalisch außerordentlich talentierten Dame des Hauses, Barbara Keglević, während der Wintermonate in Wien vier Musikstücke gewidmet, da sie einige Jahre lang Ende des 18. Jahrhunderts seine Schülerin war. Beethoven war häufig Gast bei der Gräfin. Die Klaviersonate Es-Dur, op. 7, die Kennern besser als »Sonate der Verliebten« bekannt ist, klingt im Ohr, während man vor dem umzäunten Garten des Schlosses stehend die Pflegebedürftigen und psychisch Kranken bei ihrem Rundgang betrachtet. Die, die mal dort waren zu Besuch oder zur Behandlung, berichten von beeindruckenden Deckengemälden mit antiken Gestalten – und vielen Rissen in den Gewölben und Wänden.

In Bedekovčina steht ein sehr gut erhaltenes, wenn auch nicht wirklich großes Schloss mit einer Orangerie, die geradezu arrogant von einer sanften Anhöhe auf die unansehnliche Ortschaft blickt, das einstige Zentrum der Ziegelherstellung der Region. Heute ist es ein verschlafener Winkel, denn Mitte der Neunziger übernahm eine österreichische Firma die Anlagen, rationalisierte die Produktion, verschlankte die Belegschaft auf ein Minimalmaß. Viele in Bedekovčina wurden arbeitslos, verließen das Städtchen. Die alten Hallen und Türme stehen inzwischen mindestens so jämmerlich und schäbig in der Gegend herum wie ein Durchschnittsschloss im Zagorje. Ins Schloss von Bedekovčina kommt man auch nicht ohne Weiteres. Außer man ist jung, weiblich und gesucht. Dann hat man die Chance, die Barockpracht von innen zu begutachten, die schon seit Jahrzehnten eine Anstalt für die Rehabilitation krimineller junger Frauen ist. Im Ort nennt man die Damen etwas despektierlich »Eulen«, weil man sie eigentlich nie sieht und Gerüchte die Runde machen, die bösen Mädchen würden nachts ihr Unwesen treiben. Eine dieser typischen Schlossgeschichten eben.

In Oroslavje wiederum kann man auf einem großen Firmengelände Reste des schmiedeeisernen Tores eines verschwundenen Schlosses besichtigen. Dort, wo jetzt die Werkshalle eines Textilbetriebs steht, nächtigte zweimal der Klaviergott des 19. Jahrhunderts, Franz Liszt, auf Einladung der Familie Sermage. Schade, dass das Gebäude bei einem Brand 1946 zerstört wurde, schließlich ist der Promifaktor nicht gerade hoch in Zagorjes Schlössern.

Die Spurensuche gestaltet sich immer schwierig. Dennoch ist sie interessant. Die Keglevićs, die Rauchs, die Sermages, die Hellenbachs: Sie und viele mehr waren Angehörige des mittleren Adels, die zwar nicht die ganz große Weltgeschichte geschrieben haben, aber umso mehr die Historie Kroatiens beeinflussten. In ihren Biografien spiegelt sich verschwommen die Identität des Landes. Doch manchmal nervt es auch gewaltig, im Gestrüpp zu stehen, zerstörte Parks und Kapellen im Geiste zusammenzupuzzeln oder einem ignoranten Pförtner für ein kunstgeschichtliches Interesse Rede und Antwort zu stehen. Und man ist froh, bei Schwester Miroslava in Lužnica zu sitzen und an einer Tasse kühlen Kräutertees zu nippen, der nach so einer anstrengenden Schlossführung genau das Richtige ist. Aus dem Fenster des Neubaus blickt man auf das Schloss. Es beginnt zu nieseln, das Gewitter naht. Das Schloss in Lužnica gehört nach der Erhebung der Villas-Gruppe zu den Top Ten der am besten erhaltenen Schlösser in ganz Kroatien. Die kroatische Post hat im Jahr 2019 Briefmarken mit insgesamt sechzehn Motiven zu Schlössern und Herrenhäusern des Landes herausgebracht. Natürlich ist Lužnica Teil dieser hübschen Serie. »Und, schmeckt es?«, fragt Schwester Miroslava einen Tick zu bescheiden. Natürlich schmeckt es! Der Kräutertee aus dem eigenen Garten der Vinzentinerinnen ist nicht nur in Zaprešić bekannt. Walnussblätter, Holunderblüten, Salbei, Malve, Wildakazie und Hundsrosenblätter und wer weiß noch was. Im hauseigenen Shop bekommt man den Tee in Achtzig-Gramm-Säckchen, dazu Postkarten, Notizblöcke und kleine Fläschchen mit selbst gemachtem Weichsellikör. Ein winziger Nebenerwerb. Die Schwestern schmeißen den Laden, werben um Gäste mit spirituellem Nachholbedarf. Wer hierherkommt, wird anders zurückkehren. »Es war sehr schwer. Aber wir haben es geschafft«, sagt Schwester Miroslava, schenkt nach und atmet durch. Viel Zeit zum Verschnaufen bleibt ihr nicht, es gibt noch viel zu tun. Es kommen Gäste. Morgen wird eine Gruppe Kinder aus sozial schwachen Elternhäusern erwartet, damit sie ein paar Tage bei den Schwestern zur Ruhe kommen. Sie werden in einem frisch eingerichteten Schlafsaal im Erdgeschoss übernachten. Drüben im neuen, uralten Schloss.

Die Standpauke

Katholischer geht's nimmer: Maria Himmelfahrt in Marija Bistrica

Diese Frau aber auch. Anziehend. Verwirrend. Die schöne Exotin vom Lande. Schwarz glänzend wie die sternenklare Ewigkeit, mit Kind auf dem linken Arm und einem niedlichen Krönchen auf dem Haupt. Milde lächelnd, endlos geduldig empfängt die dunkle Königin der Kroaten: ein unglaublich gläubiges Volk. Mehr als achtzigtausend werden es heute sein, beinahe ein Rekord – für dieses ansonsten schläfrige Nest im beschaulichen Hügellabyrinth des Zagreber Hinterlands.

Marija Bistrica, Mitte August, sechs Uhr in der wolkenlosen Früh. Darko aus Varaždin schält sich aus seinem Schlafsack und schielt ins Morgenlicht. Er liegt auf dem Kreuzweg, der sich auf der Anhöhe hinter der Kirche windet, wo schon die Ersten die fünfzehn Stationen der Leiden Jesu im Zickzack abschreiten. Sein Nebenan schnarcht noch. Darko und sein sägender Kumpel sind am Abend zuvor angekommen, mit dem Bus sind die beiden aus Varaždin im Norden des Landes erst nach Zagreb gefahren, um von dort per pedes über den Bärenberg, die Medvednica, nach Marija Bistrica zu pilgern. Stundenlang seien sie unterwegs gewesen, sagt Darko und besieht eine Blase am großen Zeh.

Er verzieht das Gesicht – ohne Fluch. Zwei Abiturienten, zwei junge Männer. Netter Nachwuchs für die Kirche. Anscheinend das Normalste auf der Welt. Auf dem ganzen Gelände kampieren sie, sie küssen sich, drücken ihre iPods, dösen und warten. Als würden gleich Rihanna oder Coldplay auftreten. Worauf also warten? »Auf Gott, auf Maria, auf all das, was zählt. Schau dich um oder schließ die Augen. Denn hier und hier fühlst du was. Marija Bistrica ist super«, antwortet Mario, der bis vor Kurzem noch schnarchende Kumpel. Und zeigt mit seiner Hand zum Ort hin und auf sein Herz. Wohlerzogene Jugendliche. Die Cola zum Frühstück trinken. Einen Hauch von Taizé verbreitend, dazu eine milde Prise Happening mit Emofaktor. Hier fühlt man was.

Maria Himmelfahrt im kroatischen Nationalheiligtum. Schon morgens strömen sie aus allen Himmelsrichtungen zum Ort hin, wie magnetisiert. Ohne Eile, ohne Gehupe. Alles wirkt angespannt, konzentriert. Pilgernd zu Fuß, allein oder in Gruppen, unterwegs in familiengeschwängerten Autos. Junge Frauen, meist die hübscheren Töchter des Hauses, stehen entlang der Einfallstraßen und locken winkend und mit einem routinierten Lächeln die Fahrer in ihre Hühnerhöfe und Scheunen, wo gegen eine stattliche Gebühr das nun lästige Gefährt abgestellt werden darf. Wer früher dran ist, ist auch näher dran.

Noch vor wenigen Jahren kamen einige stolze Bauern mit feierlich geschmückten Pferdewagen. Doch diese folkloristischen Zeiten sind längst vorbei. Der postsozialistische, hubraumstarke PS-Pilger zeigt sehr gern an solchen Tagen, was er besitzt, und nicht wenige Kutschen aus dem rund dreißig Kilometer entfernten Zagreb tragen die Aufschrift A6, SL oder X5. Sogar ein VIP-Hubschrauber landet ab und an auf einer Wiese unweit der ausufernden Busparkplätze, auf dem zwei umhertollende Dorfbuben die Kennzeichen zwischen Ostsee und Adria, zwischen dem Atlantik und dem Ural meist richtig zuordnen. Spätestens jetzt frohlockt der Katholik ohne Platzangst: Es muss nicht immer Lourdes oder Fatima sein. Irgendetwas wahrhaft Mitreißendes und Anstrengendes wird sich demnächst auch hier irgendwo ereignen. Bestimmt. Die Landung einer Außerirdischen. Oder mindestens ein Rockkonzert mit Quetschgarantie und Ohnmachtsanfällen. Jesus Christ and Maria – Superstar.

Ein Frösteln geht durch die über dem Ort thronende Wallfahrtskirche. Unter dem pfirsichfarbenen Gewölbe drängeln sich die Menschen bereits bis zu den offenen Eingangspforten, wo der noch kühle Morgenwind von den Ausläufern des Medvednica-Gebirges hereinweht und allen Kurzärmligen eine Gänsehaut beschert. Zur ersten Messe des Tages haben sich meist die Älteren oder Leute aus der Umgebung eingefunden, diejenigen aus dem Zagorje, die die Stille dieser sakralen Stätte auch an solch hohen Kirchenfeiertagen nicht missen wollen. Morgens ist man noch unter sich. Man kennt sich, nickt einander zu. Man weiß, wer fremd ist. Mit dem sanften Berühren einer Schulter. Einem geflüsterten Wie-geht-es-dir und Ich-hab-das-gehörtvon-deiner-Frau versichert man sich aufs Neue der Zuneigung der Gemeinschaft. Am Ende des Gottesdienstes reicht jeder Einzelne seinem nächsten Nachbarn die Hand. Amen. Auch draußen vor dem Tor, wo die Verspäteten mittels Lautsprecher das letzte »Ave Maria« vernehmen: »Gegrüßet seist du Maria, voll der Gnade, der Herr ist mit dir …« Hundertfach, vielleicht tausendfach wird das *Zdravo Marijo* an Maria Himmelfahrt gezischt, gemurmelt, gehaucht.

So war das stets im größten Wallfahrtsort Kroatiens, gleichgültig, welche Regime herrschten, wie schlecht und bedrohlich die Zeiten für den kroatischen Katholizismus auch immer sein mochten. Erbaut wird die Marienkirche bereits im 14. Jahrhundert, bis zum Ende des 19. Jahrhunderts folgen allerdings zahlreiche Renovierungen und Anbauten. Die etwas schmeichelhafte Bezeichnung Basilika geht auf Papst Pius XI. zurück, der 1923 der Kirche den Titel »Basilica minor« verleiht. Die schwarze Maria verdankt ihre Popularität aber nicht den vielen Architekten, etwa dem in Wien ausgebildeten und später wichtigsten Baumeister Kroatiens Hermann Bollé. Nach dem verheerenden Brand 1880 verantwortet Bollé die Restaurierung und verpasst dem Gotteshaus das bis heute gültige, recht merkwürdige Gepräge aus barocken und neogotischen Elementen. Doch im Grunde dürfte diese Stilkunde den meisten Wallfahrern herzlich egal sein.

Nein, die glühende Verehrung gilt seit jeher Marias identitätsstiftender Strahlkraft, ihrer wundersamen Widerstandskraft im Kampf gegen die Türken – und einem schussligen Heimwerker. Ein Priester aus Bistrica, so will es die Legende, mauert 1545 die aus Holz gearbeitete Marienstatue in eine Wand ein, aus Angst vor brandschatzenden und plündernden osmanischen Truppen. Einen ordentlichen Schatzplan hinterlässt er natürlich nicht. Und so gerät die Reliquie in Vergessenheit. Aber wozu gibt es Wunder? Nach vierzig Jahren wird ein anderer Kirchenmann von einem seltsamen Leuchten angezogen, der Priester beginnt die illuminierte Stelle aufzuklopfen, woraufhin die lang vermisste Heilige Jungfrau samt Jüngelchen unbeschadet zum Vorschein kommt, was sich allmählich im ganzen Habsburgischen Reich herumspricht. Für das Marienvolk der Kroaten jedoch bedeutet dieses Findelkind mehr als nur ein Wunder – es ist ein Zeichen, ein Fingerzeig in Richtung Freiheit; eine Ermunterung zum Aufbruch in die Unabhängigkeit. Weg von Österreich, von Ungarn, von Habsburg, vom Kommunismus und vor allem: Weg von den Serben! Maria hilf.

So weit das Wundersame, das Jenseitige, das Überirdische. Morgens kurz vor elf Uhr. Zigtausende lassen den Ort anschwellen wie einen strapazierfähigen Ochsenfrosch. Spätestens jetzt wäre es an der Zeit zu fliehen. Man könnte nach der besinnlichen Morgenandacht der schnöden Realität enthoben sich auf den Weg machen, nicht ohne zuvor noch an einem der vielen Stände rund um den Marktplatz ein bisschen Honigkuchen zu naschen. Oder an einem ebenso selbst gemachten bittersüßen, hochprozentigen Met zu nippen, den man nur in Bistrica so gut bekommt und das am besten on the rocks. Man könnte das alles tun, durch die Menge trödeln, ein wenig beschwipst von der Sonne, von dem leuchtenden Sakralkitsch der Buden und der Hitze der Massen auf einen Bus warten und dem nun schon jauchzenden Volksfest in Bistrica entfliehen.

Doch an Maria Himmelfahrt in Marija Bistrica spürt man auch als Auswärtiger, dass man nicht so leicht davonkommt. Weit über sechshunderttausend Pilger sind es im Jahr. Aus ganz Europa kommen sie. Auf dem stadiongroßen Platz zwischen dem Kreuzweg und der Kirche füllen sich die Bänke. Die Leute spannen Regenschirme auf, wie in Indien oder Sri Lanka, um sich vor der feurigen Sonne zu schützen. Es ist heiß, es ist schwül, auf den Nacken perlt der Schweiß. Einen Schatten sucht man vergebens. Man will sich einen guten Platz sichern vor der wichtigsten Veranstaltung. Jetzt gilt es: reichlich Wasser trinken und ausharren. Oder auch nicht. Eine Frau aus dem östlichen Slawonien, man hört es an ihrem Akzent, macht Picknick, wie es sich auf dem Balkan gehört, zu dem man in Zagreb oder in Bistrica eigentlich nicht mehr gehören will. Aber Marija Bistrica ist nicht nur ein Volksfest, es ist auch ein Fest der Völker. Viele Roma sind hier, richtige Clans sind angereist, die Frauen in knöchellangen, geschlitzten, bauschigen Röcken, während die Männer in schimmernden, weit aufgeknöpften Hemden umherstolzieren. Die Roma verehren die Heilige Jungfrau, sie schicken immer wieder ihre Kleinsten zu den Kerzenverkäufern und können sich gar nicht mehr lösen von der baumhohen, golden blinkenden, von Kerzenrauch umflorten Marienstatue in der Mitte der Open-Air-Kirche. Die ganz in Trauerschwarz gekleidete Slawonierin schneidet sich derweil furchterregend große Scheiben *kulen* herunter, eine deftige Salamispezialität aus geräuchertem Schweinefleisch, und rupft dazu mit herrlicher Gleichmut und drei Fingern ganze Flocken mitten aus einem Laib Weißbrot, den sie unter der Achsel eingeklemmt hat. Dann beißt sie einer Frühlingszwiebel den Kopf ab.

Die Feinschmeckerin ist nicht allein mit ihrem Appetit. Überall knistern Alufolien, werden Plastikschüsseln geleert. Feiste Wurst, üppige Bratenlappen, zerfledderte Keulen, Mohnkuchen in Gelb und Schwarz sonnen sich wie Salamander auf mitgebrachten Klappstühlen. Allein der Anblick dieser lustvollen Zwischenmahlzeiten macht durstig – und irgendwie schwach. Von den Buden aus dem Ortskern ziehen Duftfäden von schmurgelndem Kesselfleisch und gegrillten Würstchen herüber. Die kulinarische Seite der Kirchweihe muss man aushalten können. Und ebenso die bleierne Hitze, diese gefühlten vierzig Grad Celsius auf der feuchten Haut. Auf dem Kalvarienberg hat sich inzwischen ein langer, singender, betender, wispernder Wurm aus schlurfenden Menschen fotogen in Bewegung gesetzt.

»Ich war süchtig. Abhängig. Meinen Vater habe ich im Krieg verloren. Ich sah keinen Sinn mehr im Leben. Ich stahl. Geriet in schlechte Gesellschaft. Ich wurde zum Verbrecher. Ein Sünder. Ein schlechter Mensch. Ich befand mich am Abgrund. Doch dann fand ich den rechten Weg. Zu Gott.« Franjo ist siebenundzwanzig Jahre alt, sagt er. Er nutzt die Gelegenheit auf der noch leeren Bühne zur verbalen Selbstgeißelung. Das Mikro scheint allerdings nicht für jedermann parat zu stehen, zu genau und arrangiert wirkt die Rede des offenherzigen Vorzeigesünders. Die Leute, die immer zahlreicher die Bänke besetzen und reservieren, nehmen die Beichte mit Happy End zur Kenntnis, mehr nicht. Sie warten auf etwas anderes, die amerikanischen Show-Varianten der Selbstentblößung zeigen keine Wirkung. So verlässt Franjo das Podium, wie ein vom Publikum im Stich gelassener Trompeter bei einem Platzkonzert.

Erst als es elf Uhr schlägt und der offene Raum mit Zigtausenden Gläubigen schlagartig verstummt, der Kreuzwegszug sanft zum Stehen kommt und alle anderen sich von ihren Sitzen erheben, bekommt auch der letzte Gottesleugner eine Ahnung davon, was ein Initiationserlebnis sein kann. Von der Kirche zieht eine Prozession durch die ergriffenen Menschenreihen. Rollstühle werden näher an das Geschehen geschoben. Ein Vater hält seinen geistig behinderten Sohn in die Höhe. Der Kranke hofft. Trauernde beten. Verlassene suchen Halt. Eine Prozession der gebannten Sehnsucht. Vorneweg der Zagreber Erzbischof Josip Bozanić mit bleicher segnender Hand. Dahinter eine Schar älterer Landfrauen in weiß-roten Trachten und Kopftüchern. Herren in Uniformen aus früheren Jahrhunderten, als Kroatien eine Banschaft war. Und dazwischen: die prachtvoll geschmückte Schwarze Madonna von Bistrica. Getragen auf einem Gestell von vier Männern, die in ihrer Montur entschlossenen Bodyguards ähneln. Langsam, ganz langsam wanken diese kostümierten Hauptfiguren mit ihrer angenehmen, nicht allzu schweren Last in einer weiten Schleife zur Bühne, hin zum improvisierten Altar. Die Madonna darf links Platz nehmen, ausruhen, beschützt von zwei kräftigen Wächtern mit Sonnenbrille.

Der Tag, der so leicht, so seelenleicht wie ein göttlicher Morgenwind begann, bekommt nun, mit den ersten Worten des Pfarrers der hiesigen Kirche, eine ungeahnte Erdenschwere. Jetzt wird polemisiert. Die Menschen sitzen wieder, spannen ihre Schirme auf. Der Priester erinnert an den beschwerlichen Bau des Kreuzwegs, aber auch an den Tag vor vielen Jahren, als der Lieblingspapst der Kroaten, Johannes Paul II., Marija Bistrica die Ehre erwies und Alojzije Stepinac seligsprach. Für die meisten Kroaten und Katholiken ist Stepinac heute ein Märtyrer, ein Heiliger, ein Kämpfer gegen den Faschismus und für ein freies Kroatentum. Für die anderen, die Serben und alle übrig gebliebenen Kommunisten und Titoisten, bleibt er auch weiterhin ein Kriegsverbrecher, der als Zagreber Erzbischof während des Zweiten Weltkriegs unter der Ustascha-Herrschaft die systematische Ermordung und Vertreibung der serbischen Bevölkerung duldete. Ante Pavelić, Hitlers Marionette auf dem Westbalkan, wird im April 1941 nach Zerschlagung des Königreichs Jugoslawien als Führer des neuen, vorgeblich »Unabhängigen Staates Kroatien« installiert. Bald schon brennen orthodoxe Kirchen, herrschen Rassenwahn, Folter und Mord. Die katholische Presse jubiliert – und eine gute alte Bekannte wird vor den propagandistischen Karren gespannt: »Über unserem neuen, jungen und freien Kroatien ist das Bild der jungfräulichen Muttergottes als Zeichen am Himmel erschienen. Das Kroatien Gottes und Marias aus alten Zeiten ist wiedererstanden.«

In Marija Bistrica gibt man sich unerschrocken, selbstbewusst. Widersprüche und Zweifel haben keine Chance. Die politische Liturgie ist alte Tradition. Josip Bozanić ist ein Meister darin. Der Kardinal und Erzbischof in einem anerkannten und demokratischen Kroatien, das Mitglied der Europäischen Union ist, zitiert andere Stellen aus Stepinacs Reden. Und macht einen neuen Gegner aus: die moderne Gesellschaft. Von den Fesseln Habsburgs und dem Joch der Kommunisten konnte man sich noch lösen, aber gegen die Segnungen eines libertären Way of Life … Bozanić wettert offen gegen Politiker und Journalisten, die Medien im Allgemeinen. Er weiß: In den Mittagsnachrichten wird seine Standpauke als Erstes gebracht werden. Es ist eine Retourkutsche, die nur die Einheimischen verstehen. Jedes Jahr geht das so, nur manchmal ist es heftiger. In Erinnerung bleibt das Wettern des Erzbischofs vor einer Dekade. Da wurde im Parlament, im Sabor, ein heftig umstrittenes und von der katholischen Kirche energisch bekämpftes Anti-Diskriminierungsgesetz verabschiedet, das allen Minderheiten Schutz gewährt. Mit anderen Worten: Ein schwules Paar darf standesamtlich heiraten. Die Konservativen befürchteten nun den Untergang des christlichen Abendlands. In ihrem Marija Bistrica, unter den Augen der Schwarzen Madonna, suchen sie in solchen Augenblicken Trost, lecken sie ihre frisch geschlagenen Wunden. Auch das ein uraltes Ritual. Manch einer wünscht sich heimlich die alten Zeiten zurück, als man noch wusste, was Gut, was Böse war. Von einem kühlen Bier ganz zu schweigen. Die Luft hat Saunaqualität. Immer wieder fallen Menschen in Ohnmacht, sacken in die Knie. Dann endet die politische Nachhilfestunde, diese Powerpredigt, und achtzigtausend und mehr dürfen sich wieder lockern.

Kinder schreien. Alles trippelt, schiebt, drängelt. Die Restaurants vibrieren wie Bienenwaben. Die nächsten Messen beginnen am Nachmittag. Um zwei. Um vier. Um sechs. Um acht. Und dazwischen eine Beichte im schmucklosen Neubau hinter der Kirche. Doch für die meisten ist jetzt ohnehin Schluss. Auf den Straßen herrscht Chaos, mit dem Auto ist kaum ein Durchkommen. Darko aus Varaždin mit der Blase am großen Zeh flüchtet noch nicht. Er sitzt auf den Stufen vor dem Rathaus und trinkt ein Bier. Er wolle noch zur Beichte, sagt er, aber der Andrang sei zu groß. Später dann. Er hat Geduld. Er nimmt noch einen Schluck. Auf seinem T-Shirt prangt der Gekreuzigte mit blutverschmiertem Oberkörper, mit weit aufgerissenen Augen. Darunter steht die Frage auf Kroatisch: »Wird dich jemals irgendjemand mehr lieben?«

Die schöne Leich'

»Bevor wir fallen, fallen wir lieber auf«: Einige Beobachtungen zum Sterben

Mutter liest die Zeitung immer von hinten. Sie sucht ihre Namen, ihre Bilder. Jeden Morgen zuerst das. Die Todesanzeigen in *Večernji List* sind gruslige Wachmacher. Tendenziell pietätlos. Machen einen zum Voyeur. Auflagenstark ist das Blatt, und fast immer gibt es diese vielen Totengesichter. Drei, vier Seiten lang. Sie schauen einen an. Danksagungen. Jahrestage. Ein Catwalk zum Abschied. »Das ist doch wenigstens eine Sicherheit im Leben«, grummelt Vater sarkastisch und gießt ein wenig Tee nach. »Jeder landet mal mit Bild in der Zeitung.« Das ganze Land darf sich zum Frühstück Gedanken machen über die äußere Hülle des Verblichenen. In der Bahnhofshalle hört man dann herrliche Kommentare. So dick wie der war, kein Wunder. Der sieht aus wie ein Säufer. Mein Gott, war die schön. Und so weiter. Wenn es wenigstens nur ein einziges Bild wäre. Die Hinterbliebenen entscheiden sich manchmal für mehrere Anzeigen, jedes Mal mit demselben Foto. Niemand wundert sich. Das gehört sich so in einer ganz normalen kroatischen Tageszeitung. Fördert bestimmt die viel beschworene Leser-Blatt-Bindung. Und zeigt: Das Sterben ist in diesem Teil Europas alles andere als dezent. Auch wenn es meist schlechte Fotografien aus dem Personalausweis sind. Anders als auf den Friedhöfen in der Provinz. Der Totenacker, ein groteskes Familienalbum. Hier hatten die Trauernden Zeit, das Grab zu gestalten. Die »erzählenden« Grabsteine, bürgerliche Kurzbilanzen wie sie im 19. Jahrhundert in Mitteleuropa üblich waren, bilden die Ausnahmen. Hier verdrängt das Bild den Text. Die Ausnahme in dieser Ausstellung sind die Kommunisten, die vor dem Fall ihres Regimes bestattet wurden. Sie liegen unter einer *lopata*, einer Schaufel: die minimalistische Alternative zum Kreuz. Kinderbilder sind die erschütterndsten Blickfänger, sie lachen im Bett oder spielen am Strand. Viele Fotografien stammen aus der Jugend. Glatte Haut. Volles Haar. Paare lassen sich gerne gemeinsam verewigen, Kopf an Kopf, auch wenn der andere noch lebt – und wartet. Beide Geburtsdaten sind sicherheitshalber schon eingetragen, ein letztes Kreuz kommt später.

Mirogoj. Einer der schönsten Parkfriedhöfe Europas, thront hoch über der Stadt. In Zagreb stirbt es sich herrschaftlicher, kreativer – weniger Bilder, mehr Kunsthandwerk, Arkaden, Büsten, Skulpturen, Denkmäler. Eine Stätte von morbider Herrlichkeit. Der stadtbekannte Autor und Chronist Zvonimir Milčec schrieb einmal dazu: »Von dieser Hochebene Mirogojs aus gesehen begegnet Zagreb dem alten Europa auf Augenhöhe. Wenigstens, wenn es um die Kultur und den Todeskult angeht.« Sterben ist eine Kunst in Zagreb. Die Unvergessenen leben hier ewig weiter: als ausgeschliffene Marmorschrift, in welkenden Kränzen, in den sogenannten Todesplastiken. Wer es zu etwas gebracht hat im Leben, will hier enden.

Ein Tag im Dezember. Der Totenglöckner am Haupteingang hat heute ordentlich zu tun. Im Halbstundentakt ziehen hinter den rollenden Särgen lautlos die Trauernden durch die kahlen Alleen, verschwinden in der Tiefe dieses Reiches. Mirogoj, die Stadt der Toten. Der gebürtige Kölner Hermann Bollé hat dem Gemeindefriedhof in den zwanziger Jahren mit Neorenaissancearkaden ein würdevolles Gesicht gegeben. Unweit der Pforte schluchzt eine junge Frau in Schwarz. Sie steht vor einem monumentalen Grabstein, der gesäumt wird von Hunderten Windlichtern. »Lieber Herr Präsident, wo bist du nur, du fehlst uns so«, presst sie unter Tränen hervor.

Es ist das Grab von Franjo Tuđman, dem 1999 verstorbenen Präsidenten, der Kroatien in die Freiheit geführt hat. Sein Ruhm ist umstritten. Heute jährt sich sein Todestag. Wer hier weint, und das sind einige, kommt weder mit dem Schatten des Balkans noch mit den Erleuchtungen Europas zurecht. Vater der Nation oder autoritärer Patron – die Zuschreibungen fallen leicht wie die Tränen der Frau. An Tuđmans politischem Erbe entscheidet sich die Zukunft. Die Frau spricht ein letztes Vaterunser.

Ich wende mich ab. Stehe am Grab eines jungen Mannes. Vier Stelen für einen ganz Großen. Dražen Petrović. Gestorben bei einem Autounfall in Bayern. Einer der besten Basketballspieler aller

Zeiten. Wurde in Šibenik an der Küste geboren, spielte für Zagreb, Madrid, die New Jersey Nets. Und ruht jetzt in Mirogoj. Auf der dritten Stele von links ist eine Fotografie von ihm zu sehen. In Farbe. Er dribbelt. Schaut nach links. Wird er passen oder zum Korb ziehen?

Ein Bild auf dem Grab. Das ist schon okay so.

Made in Croatia?

Von Spezialitäten, die kaum einer kennt und manch ein Besserwisser infrage stellt

Made in Croatia? Aber war das nicht … Winnetou und Wasserfall in Türkis? Zehn *ćevapčići* mit einem Berg Pommes und etwas Ketchupartigem daneben? Unvergesslicher Meeresschimmer in den Augen einer Strandliebe? Ein Willkommensstamperl *šljivovica* nach waghalsigen Autoputexpeditionen? Sonnenbrand auf gleißendem Karst? Ein herzliches Gastarbeiterhallo? Im Ohr das rollende »r«? Piksende Seeigelspitzen in der Haut? Und dazu dieses merkwürdig titoeske Hippietum auf irgendeinem Zeltplatz voller Schnaken und Sterne?

Waren nicht das die wichtigsten Originale des Landes, die Short Cuts zu Kroatien? Adriatische Sentenzen. Ach ja und weißt du noch. Sentimentale Urlauberepisoden, die schon so viele Kameraobjektive und Urlauberherzen wie hungrige Kinderbäuche nach dem Schwimmen ausgefüllt haben, die immer selben Anekdoten, die bis heute jeden ordentlichen Small Talk unter Balkanfreunden befeuern – wenn man mal den etwas schwierigeren, weil verminten Gesprächsstoff um den jüngsten Krieg und die Unabhängigkeitserklärung ausklammert. Hrvatska, das ist und bleibt auf unabsehbare Zeit eine restjugoslawisch umwehte Sonne, der

Strand und das Meer. Aber natürlich nur für die Auswärtigen, für die *turisti*, die dem kleinen, noch jungen kroatischen Staat zwar regelmäßig den Jahreshaushalt reparieren, das Landesinnere und seine individuellen Schnurren allerdings nach Kräften ignorieren. Jeden istrisch-dalmatinischen Inselfelsen vermisst die planschwütige, meist deutschsprachige Welt aufs Genaueste, doch auf ihrem Weg gen Küste lassen viele von ihnen gern mal fünfe gerade sein. Und seien wir mal ehrlich: Welchen ausgebrannten ferienreifen Familienvater aus Oberhausen, Liezen, Győr oder Pilsen interessiert im heißen August beim schweißtreibenden Warten auf die Fähre schon die exakte Herkunft des Erfinders des Wechselstroms?

Deswegen reagiert der gemeine Zagreber entweder betont gelassen oder mit einem mittelprächtigen Wutanfall, der dann allmählich in eine arrogante Oberlehrerhaftigkeit übergeht, wenn man ihm seine kroatischen Originale anzweifelt. Und weil es von diesen Spezialitäten nicht so viele gibt, sollte man nicht unnötig provozieren. Das ist ein ehrlicher Rat. Die Bildungslücken zu den weltbewegenden Erfindungen Nikola Teslas mag man den *turisti* noch verzeihen. Aber nicht zu wissen, wer die Krawatte erfunden hat – eine abendländische Schande!

In der hübschen Passage Oktogon in der Ilica, der wichtigsten Einkaufsmeile Zagrebs, steht aus diesem Grunde das größte Geschäft für den Erwerb der wichtigsten Zier eines erfolgreichen Mannes: Croata. Ein vieldeutiger Begriff. In diesem gut sortierten Krawattenladen, den man in Ruhe betreten kann, weil die aus dem Ausland angereisten Souvenirjäger rar sind, warten rund zweitausend von heimischen Designern entworfene Binder auf patriotische Käufer. Handgefertigte Modelle. Beste Seide.

Eröffnet wurde der Flagship-Store im Jahr 1995, doch schon 1990, also ein Jahr vor der Unabhängigkeitserklärung Kroatiens, begann der Firmengründer Marijan Bušić mit dem Branding: Die Krawatte soll mehr sein als nur ein Stück Kleidung, sie soll ein Wahrzeichen kroatischen Nationalstolzes werden. Und noch mehr. »Wegen ihrer hohen Symbolkraft«, so Bušić, »ist die Krawatte eminent wichtig für die ganze Welt.« Damit auch alle die Botschaft verstehen, wurde eigens eine Krawattenakademie gegründet, die »Academia Cravatica«, und der 18. November wurde zum Tag der Krawatte erklärt. Weitere Croata-Filialen gibt es in jeder größeren Stadt des Landes, aber auch in Sarajevo, in Vaduz in Liechtenstein und sogar in Madrid. Die limitierte Kollektion namens »Nr. 4« gibt einem für umgerechnet vierhundertvierundzwanzig Euro das Gefühl – mit drei anderen spendablen Trägern – beinahe einzigartig zu sein. Die Dessins zitieren gerne das Schachbrettmuster aus dem kroatischen Wappen oder spielen mit den Zeichen der ältesten slawischen Schrift, der Glagolica, aber lediglich mit der eckigen Variante, die auf dem Gebiet des heutigen Kroatien vor mehr als tausend Jahren gebräuchlich war. Runde Zeichen gehen gar nicht: viel zu serbisch, viel zu ostslawisch! Eine Croata baumelt über vielen prominenten Brustpartien, sie liegt auch in der Schublade des früheren Kaisers von Japan Akihito, des ehemaligen deutschen Bundeskanzlers Gerhard Schröder und des Ex-Präsidenten der Vereinigten Staaten von Amerika Barack Obama. Die anderen, weniger Betuchten und Besonderen, finden zum preislich günstigeren Schlips die passenden Hemden sowie Fliegen, Einstecktücher, Schals und Taschen.

Dass die Kroaten die Krawatte erfunden haben sollen, bezweifelt natürlich kein wahrer Kroate, aber skeptisch sind Textilexperten dennoch, so schmerzhaft diese Verunsicherung auch in Zagreb, Osijek, Split und sonst wo klingen mag. Verbürgt ist nämlich lediglich jener Augenblick, in dem ein kroatisches Reiterregiment zum kollektiven Trendsetter wurde: 1635, so bezeugen einige glaubwürdige Quellen, sollen diese im Dreißigjährigen Krieg eingesetzten Soldaten bei einer Parade in Versailles Ludwig XIII. in modischer Hinsicht geradezu ins Auge gestochen haben, besser gesagt: ihre typischen, neckisch um die Hälse gebundenen Langtücher. Fortan soll der König sogar einen Cravatier am Hofe beschäftigt haben. Der Langbinder war plötzlich le Dernier Cri und à la mode, vor allem unter Ludwig XIV., wobei die Bezeichnung »cravate« aus dem Kroatischen entlehnt wurde und nichts anderes als eine lautliche Annäherung an den *hrvat*, den Kroaten, scheint. Allerdings, wie gesagt, es bestehen ernst zu nehmende Hinweise, dass diese wackeren Kroaten zu Pferde damals zu Unrecht oder wider besseres Wissen mit einer modehistorischen Revolution in Verbindung gebracht wurden. Schließlich waren lange, geknotete Halstücher auch in anderen Armeen zu jener Zeit nicht unüblich. Und weiß Gott, die Kälte und Zugluft sind ja auch keine kroatische Erfindung. Dann tauchten irgendwann zu allem Übel noch diese irritierenden Gerüchte auf, wonach die innovativen Chinesen (wer sonst?) etwas früher mit Knoten unter den Adamsäpfeln unterwegs gewesen seien. Einer Legende nach hat der Herrscher Shi Huang Di bereits zweihundertzehn Jahre vor unserer Zeitrechnung ein großes Heer an Terrakottasoldaten anfertigen lassen, die seine Grabesruhe schützen sollten. Jeder dieser Krieger hatte ein Tuch umgebunden.

Nicht nur die Krawatte ist gefährdet, auch den geliebten Landessohn Nikola Tesla will man den Kroaten streitig machen. Das Physikgenie baute den ersten Wechselstromgenerator, und nicht nur das: Der Zeitgenosse und Gegenspieler des übermächtigen Thomas Edison erfand das Radio und schuf die Grundlagen für die heutige Computertechnik. Nur wenige wissen das, auch weil Persönlichkeiten aus kleinen Kulturnationen es besonders schwer haben, sich in das Kollektivgedächtnis außerhalb der eng gezogenen Heimatgrenzen einzuprägen. Mehr als siebenhundert Patente hat der in einem südkroatischen Dorf namens Smiljan 1856 geborene und 1943 in New York verstorbene Tesla angemeldet. Doch seine Eltern waren orthodoxen Glaubens, sein Vater Milutin gar ein Priester. In Osteuropa wird zwischen der religiösen und der ethnischen Zugehörigkeit nur ungern unterschieden, im Zweifel übertrumpft die Konfession die Staatsangehörigkeit. Und weil vor allem nach den blutigen Balkankriegen entgegen der offiziellen Rechtsprechung jeder Katholik ein Kroate ist, jeder Muslim ein Bosniake oder Albaner, und jeder Anhänger des orthodoxen Glaubens automatisch ein Serbe, Montenegriner oder Makedonier, gilt für Nikola Tesla dieselbe irrsinnige Identifikationsmethode. Eigentlich witzig, wenn es nicht so traurig nationalistisch wäre. In Belgrad verehrt man ihn genauso wie in Zagreb, jeder reklamiert den Ingenieur und Wissenschaftler für sich, Museen werden hier und dort errichtet und jeder Fremdenführer erwähnt nur jene biografischen Details, die jeweils ins eigene patriotische Puzzle passen. Immerhin ignorieren beide Seiten die beschämende Tatsache, dass ein Tesla seit seinem Grazer Studium bis zu seinem Tod im Ausland lebte, weil sein Ausnahmetalent in der wirtschaftsschwachen Heimat wohl keine Entfaltungsmöglichkeiten gefunden hätte. Tesla war im Grunde nichts anderes als einer der ersten jugoslawischen Gastarbeiter im industrialisierten Westen.

In der Bäckerei neben dem Haupttor brummt der Laden – anders als in der Federklinik im Hofeingang. Am Hauptplatz reiht sich ein modernisiertes Kaffeehaus ans nächste, die Boutiquen und üblichen internationalen Kettengeschäfte buhlen um Kundschaft. Doch hinter den schön renovierten Fassaden verbirgt sich das Gedächtnis einer alten Stadt und deren Bewohner.

Genau das ist sie, die Federklinik. Bei dieser einzigartigen Institution geht es nicht etwa um ein Krankenhaus für Federvieh oder Daunenjacken. Nein, die Federklinik ist ein Rückzugsort für Freunde der schönen Schrift. Die Werkstatt samt Ladentheke befindet sich versteckt in einem Hof unmittelbar am Trg bana Jelačića Nummer 15. Zwei Frauen betreten zögerlich den Raum, der lediglich zwölf Quadratmeter groß ist und trotz seiner bescheidenen Unaufgeräumtheit eine der stolzesten Rumpelkammern der Zagreber Geschichte ist.

Wie gesagt, das Geschäft läuft nicht gerade blendend, und das schon seit Jahren nicht. Die jungen Frauen schauen sich um, wahrscheinlich sind sie einem Tipp im Reiseführer gefolgt und waren von dem skurrilen Namen angezogen. Sie fangen an zu kichern, dann verlassen sie ohne zu grüßen den putzigen Geschäftsraum. Die Dame hinter der Theke, eine ältere Zagreberin mit auftoupiertem Haar und Perlenkette, hat es nicht leicht mit ihren unwissenden Kundinnen und Kunden, die so oft ohne den notwendigen Respekt ihre »Peroklinika« betreten, die Federklinik, in der man einen besonderen Alltagsgegenstand erwirbt, eine Replika eines Produktes made in Croatia.

»Die heutige Jugend weiß doch nicht einmal mehr, wie man einen Füllfederhalter zwischen den Fingern hält«, empört sich Vlasta Keranović. »Und ihre Handschrift ist völlig unleserlich, kein Wunder. Sie können gar nicht mehr richtig schreiben.« Und dann schnaubt sie den beiden längst davongeeilten Teenagern noch ein »*Paradajz turisti*« hinterher, was man wörtlich mit »Tomatentouristen« übersetzt. Das ist eine nicht ganz so nette Bezeichnung für den Albtraum des Fremdenverkehrs:

Touristen, die im Urlaub nur Geld sparen wollen, morgens die Liegen mit Handtüchern besetzen und kein Interesse an Land und Leuten haben. Und selbstverständlich haben die *paradajz turisti* wenig bis gar kein Interesse an der Industriegeschichte Zagrebs, deren Höhepunkt die Patentierung eines besonderen Schreibgeräts war: ein mechanischer Bleistift namens Penkala.

Vlasta Keranović ist die Witwe von Boško Varičak-Keranović, der 2014 verstorben ist. Seine Todesanzeige ist neben der Eingangstür angebracht. Nach dessen Tod hat sich seine Frau in die Materie eingelesen, hat Gebrauchsanweisungen studiert und die seltenen Ersatzteile bei den Lieferanten nachbestellt und sich hinter die Theke der Werkstatt gestellt. Seitdem repariert die resolute Dame hauptsächlich Füllfederhalter bekannter Marken. Vor allem aber verkauft sie eine kroatische Erfindung, die niemand so richtig schätzt, zumindest hat man den Eindruck.

Das waren noch Zeiten. Zagreb war einmal das europäische Zentrum der Schreibwarenproduktion. Alle späteren Varianten, wie die Füllfeder oder der Kugelschreiber, sind Abwandlungen dieser Penkala-Innovation. Nur weiß das keiner, und die wenigen, die möglicherweise auf ihrem Weg vom Hauptbahnhof ins Zentrum eine schlichte Gedenktafel am Trg kralja Tomislava Nummer 17 entdecken, werden nichts damit verknüpfen. Erst spät, Anfang dieses Jahrtausends, wurde ihm die Ehre zuteil, von der Fassade seiner ehemaligen Wohnadresse den Passanten nachzublicken. Ein korrekt gekleideter Zagreber mit verträumten Augen, einem passabel nach oben gezwirbelten Schnurrbart – und einer Krawatte! Auch die phonetische Ableitung des englischen Wortes für Stift, »pen«, vom Namen des Zagreber Industriellen sei weithin unbekannt. Möglicherweise liegt die Ignoranz an der Einsicht, dass dieser Penkala zwar den neuen Schreiber für alle Situationen erfunden hatte, den man nicht anspitzen musste und der nicht auslief. Aber das Schreiben wurde nicht neu erfunden.

»Mein Mann hat immer gesagt, was man mit der Hand aufgeschrieben hat, das bleibt für die Zukunft, das bleibt im Gedächtnis«, sagt Vlasta Keranović. »Und jetzt ist das meine Aufgabe.« Ihr verstorbener Gatte Boško Varičak-Keranović war am Hauptplatz bekannt wie ein bunter Hund. Wenn man ihn in der Federklinik besuchte und gerade nichts los war (was öfter vorkam), schloss er kurzerhand seinen Laden für eine vorgezogene Mittagspause, ging mit einem zum Kaffee ins Kavalir gleich um die Ecke im Hinterhof, wo ihn viele kannten. Der Hüne war ein Stammgast. Man begrüßte ihn, den Herrn Ingenieur. Schließlich fand man noch zwei Plätzchen und Boško Varičak-Keranović setzte fort, was er in seiner Werkstatt über eine Stunde lang begonnen hatte, ohne Rücksicht auf verschreckte Kunden: einen hypnotisierenden Vortrag über die vielleicht wichtigste, verkannteste und seiner Meinung nach umwälzendste Zagreber Erfindung aller Zeiten: die Penkala! Endlich. Der erste mechanische Bleistift ist ein waschechter Kroate. Made in Croatia. Slavoljub Penkala patentierte ihn im Jahre 1906 auf dem damals für Kroatien zuständigen Amt in

Budapest unter der Nummer 36946. Keine zwanzig Zentimeter lang, schwarz, ein Schreiber, den man am ehesten mit einem der handelsüblichen Druckbleistifte vergleichen könnte. »In dieser Stadt begann der Siegeszug des modernen Schreibgeräts«, sagte der Herr der Stifte, und fügte, sich verschwörerisch umblickend, hinzu: »Aber es geht um mehr. Es ist das Schreiben an sich, die Kommunikation, das Denken – die Fähigkeit, seine Gedanken über eine schreibende Hand auf Papier zu bringen. Verstehen Sie?«

Boško Varičak-Keranović hatte in den achtziger Jahren seinen gut bezahlten, aber geistig monotonen Ingenieurjob in einem großen Maschinenbaukonzern Ex-Jugoslawiens hingeschmissen, um sich im Hinterhof um das vergessene Erbe von Slavoljub Penkala zu kümmern. Verheiratet, zwei Kinder. Und trotzdem der Cut. Da übernahm er die Federklinik von einem ehemaligen Mitarbeiter Penkalas, denn der Erfinder war auch Chef einer prosperierenden Fabrik gewesen, die bei ihrem Ende 1926 achthundert Arbeiter beschäftigte. Boško Varičak-Keranović reparierte von da an alles, womit man schreibt, verkaufte Minen und Patronen und eine Replika des ersten mechanischen Bleistifts samt Miniurkunde und Holzetui mit altem, skurrilem Logo: ein Mann mit Riesenohr, mit dem er eine Penkala an die Schläfe klemmen kann. Ab hundertsechzig Kuna das Stück, gut zwanzig Euro. Fast zu wenig für solch ein geschichtsträchtiges Schreibinstrument.

Heute macht Vlasta Keranović dort weiter, wo ihr Mann nicht mehr konnte: Sie wettert gegen die Computertastaturen, die den Menschen vom Schreiben entfremden würden und ihn allmählich verstummen ließen; sie lobpreist hingegen die Handschrift, die uns einzigartig mache, schließlich besitze jeder eine eigene Schrift. Und Schrift sei Individualität, sie mache uns zum denkenden Menschen, sagt sie, in der getippten SMS manifestiere sich hingegen das Verschwinden des Individuums. Schnell landet man bei der Bibel, bei Gutenberg. Beim Menschen an sich.

Und dann steht man wieder einmal mit einer Packung mit einem neuen mechanischen Druckbleistift in einer auf alt gemachten Schachtel in der Hand auf dem menschenumschwirrten Hauptplatz. Man schaut sich um, sieht zahllose junge Leute, die auf ihre Smartphones starren und Sprachbotschaften hinterlassen, *paradajz turisti*, die das Schreiben längst verlernt haben, wer weiß, und die dennoch irgendwie überleben werden, man hofft es jedenfalls. Vielleicht ist der Kulturpessimismus auch made in Croatia. Nicht weit von hier gibt es guten und vor allem frischen *burek*, ein verführerisches Blätterteiggericht. Es heißt, die Osmanen hätten das Zeug erfunden.

Aber … wer weiß.

Vom besseren Leben in den Reben

Mein Auto, mein Haus, mein Weinberg: Im Zagorje trinkt man am liebsten sein eigenes Tröpfchen und teilt ungern

Der frühere kroatische Staatspräsident Stipe Mesić war bekannt, bisweilen berüchtigt für seinen Humor. Meist waren seine Witze prägnant und für jedermann verständlich. Mal zeugten sie von einer gewissen slawischen Lässigkeit, die seit jeher auch in den höchsten Politikerkasten zu finden ist, dann wieder waren sie eine clevere Alternative einer luziden Annäherung an die Stammtische und ihre stänkernden Volksseelen. Manchmal ging ein Witz aber auch tüchtig daneben und Stipe Mesić musste siebzigtausend Kuna wegen Beleidigung bezahlen, wie damals, als das Lästermaul einen angesehenen Anwalt nach Vrapče bestellte, in den Stadtteil Zagrebs also, wo sich die bekannteste Nervenheilanstalt der Region befindet. Die meisten Kroaten schätzen ihn bis heute trotz oder gerade wegen dieser rhetorischen Spitzfindigkeiten, denn der mittlerweile fünfundachtzigjährige Mesić mischt sicht noch gern politisch ein, ist ein gefragter Interviewpartner gerade für westliche Journalisten, für die er immer wieder das Weltgeschehen aus der Sicht eines liberalen Elder Statesman schildert. Und die heimischen Journalisten waren und sind dankbar für seine verbalen Knitzereien, früher veröffentlichten sie sogar Ranglisten seiner besten Kalauer. Unter den beliebtesten war auch jener, in dem Mesić die Trinkgewohnheiten der Bewohner Istriens und Zagorjes – der Zagorci – miteinander vergleicht. »Wenn ein Zagorec sich betrinkt, gilt er als Alkoholiker. Tut dasselbe einer aus Istrien, nennt man ihn gleich Sommelier.«

In diesem hochprozentigen Vergleich steckt ein Schlückchen Wahrheit, weshalb bis jetzt auch niemand gegen die provozierende Äußerung geklagt hat. Das Zagorje und der Wein, das ist schon eine merkwürdige, weil besitzergreifende Liebe. Das verblüffende Ergebnis dabei ist, dass im nordwestlichen Hinterland Zagrebs, in den Ausläufern der Medvednica-Anhöhen, überall die Weinstöcke in den Himmel ragen, um jedes Haus herum, auf jedem Hügelchen, wild verteilt auf jeder Anhöhe wie kleine bacchantische Spielplätze. Ein Augenschmaus.

Doch will man etwas von der gekelterten Ernte verkosten, wird man in den meisten Supermärkten der allmächtigen »Konzum«-Kette nichts finden. Die Flaschenetiketten stammen aus den großen Weinanbaugebieten Slawoniens, aus Istrien und Dalmatien – oder gleich aus Chile. Von den Winzern der Region keine Spur. Manchmal hilft es, wenn man sich mit Fragezeichen in den Augen vertraulich an die Kassiererin wendet, die bestimmt jemanden kennt, der jemanden kennt, der einen Weinberg besitzt. Die Dame wird einem den Weg weisen. Bestimmt. Man kann auch Klinken putzen. Einige leere Flaschen im Kofferraum, auch ein ausgespülter Kanister können bei einer Ausfahrt ins Zagorje nie schaden. Bei der Gelegenheit ist es ratsam, sich auch gleich nach frisch geschlachteten Ferkeln, Puten oder nach Eiern frei laufender Glückshennen zu erkundigen.

Die Wertschätzung der regionalen Rohprodukte scheint bei den turbokapitalistischen Überholmanövern der vergangenen Jahre zumindest im Zagorje rüde abgedrängt worden zu sein. Zwar existiert in der übrigens in ganz Kroatien bekannten Weingegend seit immerhin zehn Jahren eine Erzeugergenossenschaft, die einunddreißig Winzer vor allem aus der Gegend um Klanjec, Donja Stubica und nördlich von Zlatar Bistrica vermarktet, die jährlich bis zu zweihundertfünfzigtausend Liter herstellen. Doch nicht einmal auf der hübsch gestalteten Webseite findet sich ein Hinweis auf einen zentralen gemeinsamen Verkaufsraum für alle Weine. Eine Selbstverständlichkeit, die in anderen Weinregionen Frankreichs, Italiens oder etwa im nicht allzu fernen Burgenland bis zum Exzess betrieben wird. Freilich gibt es Ausnahmen: So gibt es nahe Krapina den rustikalen Weinkeller »Vuglec Breg« inmitten von sechzehntausend Rebstöcken samt putzigen Übernachtungsmöglichkeiten in restaurierten Bauernhäusern. Und auch der *seoski turizam*, der Urlaub auf Landgasthöfen, hat sich mehr oder minder erfolgreich etabliert. Aber die eitle Selbstvermarktung ist nicht die Stärke Zagorjes. Fassrunde Romantik in erddunklen Hallen des Genusses ist eher selten anzutreffen. Wer den Schildern »*Vinotoćje*« folgt, landet meist in den Höfen schlichter Einfamilienhäuser, deren Besitzer einen lieblos gefliesten Keller samt Fass vorzuweisen haben, manchmal auch eine lustlos platzierte Degustationstheke mit ein wenig selbst gemachtem Maisbrot und Wurstallerlei. Der gute Wille ist stets erkennbar. Dabei sind die angebotenen Weißweine in Ordnung. Landweine, Chardonnay, verschiedene Rieslingsorten wie der Rajnski Rizling oder der allseits bekannte Graševina, ein süffiger Welschriesling, oder auch der Gelbe Muskateller werden allerorten angebaut und in den Gasthäusern ausgeschenkt. Aber im Grunde hat man hier nur wenig Sinn für den üblichen Touristenschnickschnack. Warum auch? Man verpasst den Trend, und das absichtlich.

Der Trend? Neuerdings wird anderswo ja ständig geschlürft und geschwenkt! Immer häufiger sieht man diese ausgebrannten Großstädter, die nach Feierabend Weinkartons wie Beutegut umherschleppen! Hört davon, wie diese seriös wirkenden Familienväter ihre wertvollen Beziehungen aufs Spiel setzen, indem sie genervten Ehefrauen stundenlang aus Weinführern vorlesen! Sie beschnüffeln Korken wie nervöse Hunde und versuchen mit verbundenen Augen einen Weinglasschliff allein am Klang zu erkennen!

Dekantieren und Schwadronieren – alles eitles Zeitgeistgetue aus Zagreb oder Split. Hier arbeitet man und trinkt sein eigenes Tröpfchen, am besten im eigenen Weinberghäuschen, in seiner *klet*. Wenn ein bodenständiger Zagorec also hört und liest, dass Besserverdiener im Westen (oder die besagten Istrier) sich allerspätestens ab vierzig automatisch wie Sommeliers gerieren, dann schüttelt er nur den Kopf. Denn ein heimatverbundener Mann und Zagorec, der es geschafft hat, ein *pravi muž* eben, der besitzt seinen eigenen, wenn auch kleinen Weinberg. Zum Wohl. *Živeli*!

Ein privates Refugium, eine willkommene Alltagsflucht. Das ist auch die Parallelwelt von Dragutin, der spätestens ab Februar, wenn die Ruten erstmals geschnitten werden, jedes Wochenende in seiner *klet* am Werkeln ist. Man sieht ihn mit seiner Kittelschürze und verschlammten Schuhen im Weinberg unterhalb seines Hauses wühlen und immer wirkt er unter seinem schlohweißen Haarschopf zufrieden, wenn man hupend vorbeifährt, mümmelt etwas vor sich hin und ist eins mit sich und seinem Grund. Sein Häuschen war auch mal lediglich eine *klijet*, ein karges Winzereinzimmerappartement aus Backstein, mit Untergeschoss, wo die Fässer lagern. Doch dann hat er angebaut, weil er gerne die Familie bei sich hat, die Enkel, die ihn im Herbst bei der Traubenlese unterstützen, und die Rente will ja auch noch kreativ genutzt werden. Wann immer es sich ergibt, sieht man seinen altersschwachen Citroën am Hang stehen, ein paar Rosensträucher bilden die luftige Garage. Dragutins Himmel auf Erden befindet sich zu allem Glück auch noch auf einem Grundstück, das er von seinem Vater geerbt hat, unterhalb eines winzigen Dorfes auf halbem Weg zwischen Marija Bistrica und Gornja Stubica. Eigentlich war er von Beruf

Straßenbahnschaffner, und zwar mitten in Zagreb. Ein öder Job, wie er gerne zugibt. Im Grunde lobt hier niemand seine Berufswahl. Wer seine Arbeit preist, wirkt sofort suspekt. Man jammert andauernd, man politisiert, das gehört sich so. Und man arbeitet, weil man schließlich muss. Die wahre Freude, die kommt später. Hoffentlich im Weinberg, den man innig liebt wie sein Fleisch und Blut. In vino veritas.

Wie übrigens viele andere Zagreber hat auch Dragutin seine Wurzeln im Zagorje. Manche verleugnen die Herkunft, weil das Image der Menschen im Zagorje nicht das Beste ist. Sie gelten als schwerfällig, eigenbrötlerisch, verschlagen und ausgesprochen weinselig. Na ja. Die üblichen Klischees, die sich allerdings hartnäckig halten, auch dank eines witzelnden Staatspräsidenten. Und wie so viele Zagreber nennt auch Dragutin einen Weinberg sein Eigen, was – gerade weil es keinen Luxus darstellt – ein Fetisch des kleinen Mannes ist. Man gibt mit ihm an, wo man kann. Jeder kennt einen Böttcher seines Vertrauens. Der eigene Wein ist immer der beste. Wie alt sind deine Rebstöcke? Wer sich auf Weindebatten einlässt, ist selber schuld. Sommelier ist und bleibt ein Fremdwort. Außerdem: Ich habe keine Rebläuse. Und du?

Die Größe ist auch im übertragenen Sinne nicht entscheidend, meist sind es kleine Parzellen, selten größer als ein halbes Hektar. Aus der Ferne besehen, bilden diese Flickenteppiche wundervolle Muster, und manch ein Tal erinnert im herbstlich milden Nachmittagslicht gar an toskanische

Gefilde – allerdings ohne wirr umherpilgernde Studienreisende aus dem Westen. Man ist noch unter sich, weshalb für das Abzupfen einer Rebe noch kein Fremder belangt wurde.

Wer als Amateurwinzer schon dreihundert Liter zustande bringt, der hat fürs kommende Jahr ausgesorgt und rümpft die Nase über den anonymen, natürlich überteuerten Fusel im Konzum. Verkauft wird nichts oder wenig, einige Flaschen landen bei Freunden und Verwandten. Die heimische *kapljica*, das Tröpfchen, gilt im Zweifel immer noch als die allerbeste Wahl, auch wenn – im Vertrauen – nicht jeder dieser höchst individuell hergestellten Landweine, an denen man mit gequältem Grinsen nippt, die seichten Qualitätshöhen eines Massenweins aus Südamerika erklimmt. Sei's drum. Wenn man aber doch mal die Ehre einer Einladung hat, sollte man unbedingt loben, was die Zunge hält, die Kopfschmerzen am nächsten Morgen in Kauf nehmen und wenn möglich die Rotweine ohne vorherige Empfehlung tunlichst meiden. Fällt der Name Direktor, ist höchste Vorsicht geboten, es ist die Bezeichnung für eine ungemein herbe, sehr wahrscheinlich lebensverkürzende Plörre, ein unheilvoller Bauern-Cuvée, der auch dem kräftigsten Zagorec die Röte in die Backen schießen lässt. Und Antialkoholiker sollten sich eine wirklich gute Ausrede überlegen – ein Widerwort könnte als Affront zu Verstimmungen führen.

Unter den Volksliedern, die am dämmrigen Abend gerne angestimmt werden, in einer *klijet* oder in einer der Schänken entlang der schmalen, kurvenreichen Straßen Zagorjes, ist auch jenes, dessen Zeilen bei Bedarf jedes Kind auswendig herbeisummt:

Još ni jedan Zagorec
nije prodal vina,
vse mu ga je popila
njegova družina …

Was übersetzt so viel heißt wie: »Wein verkauft hat noch kein Zagorec, weil er von seinen lustigen Kumpanen weggesoffen wurde …«

Übrigens ist Dragutin vor einiger Zeit verstorben. Leider nicht in seiner *klijet,* sondern in einem Zagreber Krankenhaus. Der Citroën fehlt nun in der Landschaft. Sein Weinberg ist nun ganz allein, die Stöcke vertrocknen. Einen traurigeren Anblick im Zagorje kann man sich nicht vorstellen. Kein Witz.

Erste Klasse

Next Station: Zagreb. Das Hotel Esplanade, der Orientexpress und ein vergoldetes Jahrzehnt

Ja, der Black Bottom wird zu später Stunde auch hier in dem Ballsaal mit der imposanten Glaskuppel getanzt worden sein. Die Damen mit blasiertem Blick und Bubikopf, die Herren akkurat im Smoking und mit sorgfältig aus dem Gesicht gekämmtem, glänzendem Haar. Paare, die sich windend in die Knie gingen, mit anstrengend nach innen und außen verdrehten Armen und Knien in anstrengend eckig rudernden Posen, dazu ihre Hüften kreisen ließen und mit ihren Bottoms, ihren Hinterteilen, aneinanderstießen. Black Bottom war eine heißere Variante des Charleston und der Tanz der Zeit.

Wer es sich leisten konnte, 1925 im Esplanade in Zagreb zu logieren und sich selbstverständlich bis in die Nacht hinein im Ballroom zu vergnügen, war so up to date, dass er natürlich jeden dieser verrückten Wackeltänze beherrschte. 1925, in dem Jahr, in dem die Golden Twenties wirklich golden schimmerten und die dunklen Zeiten, die vergangenen und die dunkleren, die kommen sollten, einige Jahre entfernt lagen, wurde das Hotel Esplanade eröffnet.

Den imposanten Bau mit der großen Terrasse, von der aus man den Bahnhof gut im Blick hat, verdankt die Stadt der Mode des Reisens. Denn natürlich gab es betuchte und amüsierwillige Bürger und Künstler in der Stadt: Das heute noch zu besichtigende, innen mit feinstem Holz getäfelte Haus samt Bildhaueratelier des schönen und wohlhabenden Ivan Meštrovićs zeugt davon ebenso wie die samt Einrichtung erhaltene Wohnung seines Architektenfreunds Viktor Kovačić, der im Dachgeschoss des Hauses lebte, das er für reiche Zagreber in der Masarykova 21 in der Unterstadt gebaut hatte. Doch würde nicht seit 1919 der Orientexpress Station in Zagreb gemacht haben, hätte das 1891 eröffnete Palace als feinste Herberge ausgereicht.

Doch nun ist die Zeit des Futurismus gekommen, des ungebrochenen Fortschrittsglaubens, und die Zeit der Rekorde, des Schneller, Weiter, Höher.

Im Jahre 1926 überfliegt Roald Amundsen den Nordpol, ein Jahr später gelingt Charles Lindbergh die Alleinüberquerung des Atlantiks und nach dreiunddreißigeinhalb Flugstunden landet er umjubelt von einer begeisterten Menschenmenge in Paris. Ihm gelingt, was viele Piloten vor ihm vergeblich versuchten und mit dem Leben bezahlten. 1928 rast Adam Opel mit einem ersten, mit vierundzwanzig Raketen betriebenen Rennwagen in der Rekordgeschwindigkeit von zweihundertachtunddreißig Stundenkilometern über die Berliner Avus. Man baut Flughäfen und Flugboote, lässt immer riesigere Luxusliner vom Stapel laufen, und 1929 umrundet das Luftschiff Graf Zeppelin die Erde. Die Welt rast. Man reist schnell, man tanzt schnell, man lebt schnell, man stirbt schnell. Isadora Duncan kommt

1927 bei einem Autounfall in Nizza um, ihr langer Seidenschal verheddert sich in den Radspeichen eines Sportwagens und bricht der berühmten Tänzerin das Genick.

In dieser Zeit des Spektakulären, der Rastlosigkeit, der Rekorde wird gereist wie nie. Viertausend Züge verkehren auf den zahlreichen Strecken durch Europa. Das Streckennetz ist nach dem Ende des Ersten Weltkriegs immer weiter ausgebaut worden, mehrere Routen verbinden Reisende von Nordwest bis Südost. Ein sogenannter Balkanzug verkehrt zwar schon seit 1916, doch erst seit 1919 macht der Luxuszug, der berühmte Orientexpress, auf seiner Fahrt von Oostende, Calais oder Paris aus über Mailand nach Istanbul oder Athen eben auch in Zagreb Station. Mit der Orientkonferenz 1923 und dem Friedensschluss zwischen den Ländern entlang der Linie des Orientexpresses war auch politisch der Weg dafür frei geworden.

Die müden Luxusreisenden verlangen bei ihren Aufenthalten oder während sie auf Umsteigeverbindungen warten nach edlen Schlafstätten in nächster Nähe zum Bahnhof. Noble Fahrzeuge wie die Luxuswagen mit ihren Ledertapeten, Mahagonivertäfelungen, den Kristallleuchtern an der Decke, mit den Zehn-Gänge-Menüs, die von befrackten Kellnern mit weißen Handschuhen serviert werden. Damit sich die feine Gesellschaft unterwegs den Reisestaub aus den Kleidern klopfen lassen kann, gründet die Compagnie Internationale des Wagon-Lits, auf Serbokroatisch »Međunarodno Društvo Kola za Spavanje«, eine Tochtergesellschaft. Entlang der zunehmend und immer weiter verzweigten Bahnstrecken lässt die Compagnie Grand Hotels bauen. In Oostende entsteht das Hôtel de la Plage, bereits kurz vor der Jahrhundertwende das Pera Palas in Istanbul, das Hotel, in dem Agatha Christie ihren Krimi »Mord im Orientexpress« geschrieben haben soll. Und etwas später dann erstrahlt das Esplanade in Zagreb, auf dessen Terrasse, wie der Schriftsteller Miroslav Krleža gesagt hat, Europa endet und der Balkan beginnt.

Auf die Verbindung von (für heutige Verhältnisse gemächlicher) Raserei und Stillstand besinnt man sich im Regent Esplanade, wie es inzwischen noch hoheitsvoller heißt. Wer die Gänge des Hotels erkundet, geht auf feinen zentimeterdicken, flauschigen Teppichen, die jedes Geräusch schlucken, und sieht an den Wänden hinter Glas braunbeige vergilbte Plakate der Eisenbahngesellschaften, die seit 1883 für kostspielige Fahrten etwa von Paris nach Konstantinopel warben. Fotos von Damen mit Hut und Pelzkragen, die aus dem Fenster des Zugabteils lehnen und winken, Damen mit Schrankkoffern auf dem Perron, wie die Bahnsteige in Österreich-Ungarn und heute noch in Kroatien genannt werden. Und einige wenige Szenen zeigen das Innere der europäischen Erste-Klasse-Züge, deren Reisende etwa von Paris nach Konstantinopel knapp siebzig Stunden unterwegs waren, sie zeugen von elitärer Exklusivität. In den Abteilen wird getanzt, gespeist, es spielen Musiker, es treten Folkloregruppen aus der Region auf, die man soeben bereist. Das nach der Jahrtausendwende generalrenovierte

Hotel wirbt so für sich mit Nostalgie und Glamour. Nicht nur die Bilder erzählen von vergangener Pracht. Die alten Doppelfenster in den Bädern sind erhalten, natürlich isoliert, schwarz-weiße Marmorböden und Armaturen in Art-déco-Manier, der vorherrschenden Mode des Jahres 1925, in den Bädern werden mit Regendusche und Badewanne (was ist entspannender nach einer Reise als ein duftendes Schaumbad, mit dem man sich den Reisestaub vom Leib wäscht?) Bedürfnissen der Reisenden im dritten Jahrtausend angepasst. Man muss schon sehr Wichtiges, Dringendes vorhaben, um nicht die Tage im Hotel zu verbummeln. Das Esplanade ist einer der angenehmsten Orte der Stadt. Exterritoriale Zone und Zeitmaschine zugleich. Wie die Bäder sind die Zimmer eine Hommage an den Stil der zwanziger Jahre, die Kronleuchter, die Lampen und Sessel, die typischen Farben, Braun, Bernstein, Jadegrün. Florale Jugendstilelemente an den Fenstern, Messingornamente an den Treppengeländern. Alles blinkt, glänzt, schimmert. Tatsächlich braucht man nicht übermäßig viel Fantasie, um sich vorzustellen, wie hier, wo nun Geschäftsreisende wie Urlauber logieren, glamouröse Menschen die Treppen hinabschwebten und Hof hielten in der großen Empfangshalle, über deren Schwingtüren sechs Uhren die Zeit von New York, Buenos Aires, Zagreb, Moskau, Tokyo und Sydney zeigen und stolz sagen, lieber Reisender, du verbringst deine kostbaren Stunden in einem Hotel von Welt.

Die opulent ausgestattete Lobby mit den orangefarbenen Feuerblumen und weißen Orchideen in den Vasen könnte ohne Weiteres die Kulisse für einen in den zwanziger Jahren spielenden Film abgeben. Man kneift ein wenig die Augen zusammen und sieht sie, die Damen mit Perlenketten, Hut und Charlestonkleid, und fast kommt man sich ein wenig plump vor in den Jeans. Hier verbringt man Stunden, ohne sich zu langweilen. Dunkle Limousinen werden vor dem Eingang mit Koffern und Ledertaschen beladen, vor dem Aufzug treffen sich ältere, Russisch sprechende Paare, die sich zum Shopping verabredet haben. Eine Dame im Businesskostüm, die auf Französisch auf ihr Handy einredet, verschwindet in einem der Konferenzzimmer neben dem Ballroom. Mit verstohlenem Blick begutachten zwei junge Männer in Sporthosen und Sneakers den hellen Salon neben dem Eingang, Fauteuils, Tischchen, an denen Unterhaltungen in gedämpftem Ton stattfinden, Geschäftsleute oder fein gekleidete Familien, die Geburtstag feiern. Die Jungs werden von einem massigen Mann – einem Leibwächter – begleitet, der mit einer Empfangsdame flirtet, wie geht's, danke, und ebenso. Überhaupt scheinen Leibwächter stark im Trend. Je mehr, desto besser.

Der Empfang ist zwanglos. Keine abweisende Rezeption mit Empfangstheke wie am Bankschalter, rechts neben den Schwingtüren stehen in einer Nische drei Tische, hinter denen selbstverständlich mit locker geknoteter Krawatte und Anzug gekleidete Angestellte sitzen. Vor den Tischen warten weich gepolsterte Sessel auf den Besuch, schon beim Einchecken soll sich der Gast freundlich familiär empfangen fühlen.

Es logieren im Esplanade schon wieder die großen Stars, kürzlich war Orlando Bloom in der Stadt. Doch als wäre das nicht selbstverständlich, als stünde das Hotel nicht als einer der exquisitesten Orte der Stadt für sich, brüstet sich das in jedem Zimmer abzuspielende Hotelvideo damit, dass vor und nach dem Krieg – als die Luxuszüge langsam aus der Mode kamen und nunmehr vor allem Gastarbeiter mit ihren Familien im Sommer in den Zügen in den heimatlichen Süden rollten – die berühmten Gäste aus West und Ost im Esplanade logierten. Arthur Rubinstein, Orson Welles, Alfred Hitchcock, Francis Ford Coppola, Arthur Miller, Richard Burton und Liz Taylor, Königin Elizabeth II., der Prinz von Nepal, der König von Ägypten, Breschnew, Nixon. Im Souterrain neben dem Eingang zu Fitness und Spa zeugt eine Bildergalerie von Prominenz auch zu sozialistischen Zeiten: Catherine Deneuve mit Sonnenbrille, Pelz und Stiefeln, Liv Ullmann mit Blumen im Arm, die freundlich lächelnd neben einer »Hjärtligt välkommen«-Tafel steht. Der junge Woody Allen debattiert mit einem Unbekannten.

Man orientiert sich am Westen. Der Champagner, der gelegentlich Gästen beim Einchecken gereicht wird, die Küche, der Lavendelduft in den Gängen und in den Lotions pour le corps in jedem der Marmorbäder verraten eine Nähe zu Frankreich. Zu dem Land der verfeinerten Sinne und Sitten. Lavendel, das ist der Duft des Südens, des Meeres. Auch wenn der nächste Adriastrand zwei Autostunden entfernt liegt. Das ist die neue Position, weder mit dem Balkan noch mit dem casual

American Way of Life wird kokettiert. Man gibt sich kosmopolitisch mediterran. Europäisch. Nostalgiereisende könnten tatsächlich von hier ans Mittelmeer oder an den Atlantik fahren, entlang der alten Orientexpressstrecke über Venedig, Mailand, Marseille bis nach Bordeaux und Biarritz. Doch wer an diesem Tag nach Verbindungen fragt, fragt meist nach dem Flugzeug.

Außer im Sommer herrscht vornehmlich Geschäftsstimmung. Getanzt wird an diesen Tagen nicht, nur der Videobeamer bewegt sich im Ballroom und zeigt den Businessleuten die Aufs und Abs ihres Geschäftszweigs an. So gelingt der Spagat zwischen Früher und dem Heute. Technik von heute, Spa im Souterrain, zahlreiche Business-Logen im Erdgeschoss. WLAN in jedem Zimmer, aber da liegt eben auch feinstes Briefpapier mit Wappen und geschwungenem Schriftzug des Hotels auf dem Schreibtisch. Die Jahrzehnte dazwischen – passé, als wären sie nie gewesen. Dass in dem Hotel (das 1991 als Erstes im jungen neuen Staat privatisiert wurde) nach 1945 eine Armenküche für hungernde Bürger residierte, nachdem die deutsche Wehrmacht und die Gestapo geflüchtet waren, ist bekannt; doch geht man taktvoll über beides hinweg, damit macht man keine Werbung. Kein Funke mehr von sozialistischem Charme in diesem Hotel, allenfalls der große Leuchter im Speisesaal erinnert an die Manie jener Zeit, alle Hotels, öffentliche Räume möglichst monumental zu gestalten.

Es wird dauern, bis die Historisierung, der Nebel der Zeit auch die jüngere Geschichte weichzeichnet und selbstbewusst nicht nur die leckeren Strudel am Frühstücksbüfett von Traditionsbewusstsein zeugen, sondern gut ostalgisch an diese Episode erinnert werden könnte. Von der Terrasse des Esplanade aus war nämlich 1980 die Einfahrt des wohl berühmtesten jugoslawischen Zuges zu bestaunen. Denn auch am Zagreber Bahnhof, mit seiner honiggelben Farbe erkennbar aus k. u. k Zeiten stammend, machte der Ehrenzug für Josip Broz Tito Station. Der »Blaue Zug« mit dem Leichnam des jugoslawischen Staatschefs fuhr 1980 von Ljubljana über Zagreb bis Belgrad. Entlang der Strecke standen, winkten, weinten Hunderttausende; ein letztes Adieu. Überhaupt spielten im jugoslawischen Kollektivgedächtnis Züge und Gleise eine wichtige Rolle. Die berühmten nationalen Jugendaktionen in den Fünfzigern bauten die Gleisstrecken zwischen Brčko und Banovići sowie Šamac und Sarajewo und begründeten den Jugomythos von der Brüderlichkeit und Einheit. Die Jugendaktionen waren auch eine sozialistische Heiratsbörse. Viele verliebten sich während der Schufterei in jemanden, der eigentlich einer anderen Konfession oder Ethnie angehörte, später heiratete man und berichtete stolz ein Leben lang, wo man sich als Musterjugoslawe kennengelernt hatte. Züge waren folglich in der jugoslawischen Kinematografie mehr als nur eine Kulisse: zum Kassenschlager wurde »Der Zug ohne Fahrplan« (1959) von Veljko Bulajić, in dem eine kleine Gruppe Menschen ihre Reise aus dem kargen dalmatinischen Hinterland zu den fruchtbaren Kornkammern im Norden antreten. Auch Emir

Kusturica, der international hochdekorierte Regisseur, drehte in einem seiner besten, an Rainer Werner Fassbinders Arbeiten erinnernden Film »Papa ist auf Dienstreise« (1985) eine derbe Liebesszene in einer verdreckten Zugtoilette, was natürlich mehr als nur irgendeine ironische Abrechnung mit dem Bahnwahn war. Gleichzeitig bedeutete Kusturicas Debüt auch das Ende des jugoslawischen Films. Als Trost gab es die Goldene Palme in Cannes.

Es wird noch Zeit brauchen, bis sich in Gästebüchern des Esplanade nicht mehr vor allem Reisende aus Übersee oder Russland verewigen, sondern noch selbstverständlicher als jetzt schon die einstigen Landsleute. Vom Esplanade aus waren nicht nur die Boheme der zwanziger Jahre, die Gastarbeiter und Apparatschiks der Nachkriegszeit zu beobachten, sondern auch die Nationalisten, die den eisernen Verbindungsstrang von Nord nach Süd kappten. Irgendwo auf der Linie wurde mit Baumstämmen die Fahrt von Zagreb nach Split blockiert. Die Züge rollen längst wieder. Auch zwischen Zagreb und Belgrad. Man hat sich wieder gefunden, auch wenn Zug auf Serbisch *voz*, auf Kroatisch *vlak* heißt. Das Esplanade versteht beides.

Frau Hubers Gespür fürs Meer

Die Adria und zwei Welten, die viel und nichts miteinander zu tun haben

Frau Huber kann warten. Sie sitzt im Schatten ihres kleinen Hauses in Malinska auf Krk und schaut hinunter zum Meer, das man zwar nicht sieht, aber hört. Es plätschert, es gurgelt, manchmal kreischt es auch. Ein Selbstgespräch. In der Ferne krächzt ein Jetski, man darf diese Nervensägen überall auf Krk mieten und ohne Führerschein tagein, tagaus die Welt mit den schönsten Rasenmähersinfonien beglücken und das Meer ärgern, und es ist wirklich schön, dass niemand das Adriageflüster versteht, ansonsten würde man das Wasser fluchen hören. Einsame Strände sind rar. Trotzdem kann jeder seinen Platz und Frieden finden, auch im Sommer, wenn Zigtausende aus ganz Europa an den Stränden Kroatiens kampieren und logieren. Rund tausendsechshundert Kilometer ist die Küste lang und man könnte sein Leben lang jedes Jahr eine andere Stelle für sich entdecken. Doch Frau Huber bleibt ihrem Haus schon seit Jahrzehnten treu, auch jetzt, nach dem Tod ihres Mannes, mit dem sie das Haus in den Siebzigern selbst gebaut hat. Damals stand es einsam am Rande einer alten Siedlung im Niemandsland. Das Gebäude könnte nicht simpler sein: zwei Stockwerke, ein Flachdach, keine ordentliche Heizung, einfache Holzfenster. Alles andere als luxuriös. Aber völlig ausreichend für ein Paar, das einander und das Meer liebt. Die feine ältere Zagreberin verharrt wie ein Gecko auf ihrem Plastikstuhl unter den Pinien. In ihrem luftigen Kleid und der großen getönten Brille, die inzwischen auch wieder modern ist, sieht sie sehr lässig aus. Oft denkt sie an die Zeiten, die nicht mehr kommen werden. Um sie herum wurden komfortable, meist unansehnliche Appartementblöcke hochgezogen, gesichtslose mehrstöckige Touristensilos. Die heißen Monate über geht das so, jedes Jahr. Unten in der Bucht werfen sich ein, zwei Unermüdliche noch ein letztes Mal in die Wellen, die mit dem Abendwind eine glitzernde Gänsehaut bekommen. Noch einmal hinaus Richtung Horizont und die anderen packen schon die Sachen, die Kleinen frieren.

Frau Huber kann warten.

Derweil macht sich Herr Boro auf den Weg. Bis zur Insel Korčula sind es mehr als fünfhundert Kilometer. Er fährt an den Wochenenden, meist mit seinem Lieferwagen. Herr Boro ist ein Workaholic. Ein Gute-Laune-Bär. Er ist unermüdlich, ein kräftiger Kerl mit blitzenden blauen Augen, die ständig nach einem neuen *biznis* Ausschau halten. Westlich von Zagreb, in einem Industriestädtchen im Zagorje, hat er sich etwas aufgebaut. Als bosnischer Hilfsarbeiter im Teenageralter hat er angefangen. Heute besitzt er eine Möbelfirma und ist einer der angesehensten Bauunternehmer in seiner Gegend. Es kommt inzwischen vor, dass er im Provinzradio eloquente Interviews zum Thema Ökonomie und Erfolg gibt. Die beiden erwachsenen Söhne und seine Ehefrau sind mit von der Karrierepartie. Die Familie ist im Dauerstress. Gerade werden die Verkaufsräume aufwendig renoviert und vergrößert, die Stoffe für die Sofas und Sessel müssen regelmäßig in Eigenregie aus Belgien importiert werden. Und dann ist da auch noch dieses Haus am Meer. Herrn Boros Aufstieg ist ein Sinnbild für den privatwirtschaftlichen Aufschwung seit dem Fall des Sozialismus. Die Marktwirtschaft konnte kreativen Unternehmern wie dem Endvierziger nur helfen, schließlich war es schwer für kleine und mittlere ausländische Investoren, sich nicht in der behäbigen Bürokratie zu verlieren. Die heimischen Geschäftemacher sind bis heute im Vorteil. Ihre einzige Sorge gilt nun der EU-Mitgliedschaft Kroatiens und dem freien Wettbewerb: Der heimliche Protektionismus eigener Produkte wird schon bald der Vergangenheit angehören. Dass viele Investoren aus dem grenznahen europäischen Ausland sich immer noch nicht in dem Maße in Kroatien engagieren, hat auch mit dem erlahmenden Reformwillen seit dem Beitritt zur Europäischen Union zu tun. Regierungskritiker halten den Reformkurs des Landes für reine Simulation. Justizreform, Minderheitenrechte, echter Wettbewerb – mit dem Beitritt zur Europäischen Union seien alle Anstrengungen sofort eingestellt worden, heißt es immer wieder. Das schützt auf kurze Sicht immer noch die eigene Wirtschaft, schadet aber langfristig dem Land.

Trotzdem, man kann dem Braten nicht trauen. Also hat sich auch Herr Boro nach alternativen Investitionsmöglichkeiten umgeschaut und dabei den Tourismus entdeckt. Im mediterranen Kroatien keine Seltenheit. Es wird an der Küste gekauft, umstrukturiert, abgerissen und gebaut, was der Zement hergibt. Herr Boro, der Allround-Manager, macht mit – und hat ein strandnahes Appartementhaus auf einer der schönsten Inseln in der Adria gekauft. Alles wird von der eigenen Bautruppe umgebaut. Die Jungs sind hungrig und durstig, sie machen Überstunden, müssen bei Laune gehalten werden. Die ersten Gäste waren auch schon da, ein bisschen Werbung, das Aushandeln der Zimmerpreise, das Schauen auf die Konkurrenz. Inzwischen gibt es Ungarn und Italiener in der Nachbarschaft, sie kaufen alles auf, sagen die Leute. Und im Hinterland von Dubrovnik sind immer mehr wohlhabende Briten unterwegs, die die Immobilienpreise und die Qualitätsansprüche nach oben treiben. Von Saison zu Saison ändern sich die Erwartungen an Ausstattung, Service und Essen. Wer Geld verdienen will, muss sich anstrengen. Eine Webseite muss her. Und eine Klimaanlage? Wochenendhotelier spielen ist nicht so einfach in der Boomregion Dalmatien. Herr Boro strengt sich an und wirkt auch so: ziemlich zerknautscht. Zum Möbelgeschäft also auch noch das. Acht Stunden Fahrt hin, acht Stunden zurück, Herr Boro ist bei der Rückkehr braun gebrannt, aber von einer Meeresbrise hat er nicht viel gespürt. Urlaub gibt's nicht. Aber Hauptsache, das *biznis* läuft gut.

Frau Huber gehört noch zur alten Adriaschule. Von den Boros gibt es viele, von den Hubers nur noch ganz wenige. Für die Witwe wie für viele andere aus der Hauptstadt war die Kvarner Bucht und vor allem das zweihundert Kilometer entfernte Krk die wohltemperierte Badewanne Zagrebs. Zu Titos Zeiten war dort sogar für Normalverdiener ein einfaches Häuschen erschwinglich. Es wurde in jener Zeit viel wild gebaut, auch ohne offizielle Baugenehmigung, was in den vergangenen zwei, drei Jahren zu spektakulären Abrissaktionen seitens der Regierung führte. Wer zu nah am Strand gebaut hatte, sprich: keine hundert Meter Abstand hielt und das ohne Erlaubnis, konnte sein Herzensdomizil nach einer schriftlichen Ankündigung eines Morgens unter einer Eisenbirne verschwinden sehen. Tragödien spielten sich ab, medienwirksam und herzerweichend. Ein Hausbesitzer kettete sich sogar an seine vier Wände an und trotzte mutig dem anrückenden Abrisskommando. Zwecklos. Manche verstehen das bis heute nicht, schließlich fühlten sie sich um ein Grundrecht betrogen, um ein Recht auf den eigenen Meerblick. *Idemo na more* – »Wir fahren ans Meer« war ein Standardspruch für jeden Kroaten, der sich an »seiner« Adria zu Hause fühlte. Heutzutage kann man sich das kaum mehr vorstellen. Und Frau Hubers seltsame Leichtigkeit auch nicht. Ihr Haus ist ungefährdet von neuen Gesetzen, sie kann auch in Zukunft warten, bis die Sonne langsam über ihrer Lieblingsbucht versinkt. Wenn nur noch das Wasser zu hören ist, steht sie auf, schlüpft in ihre Plastiksandalen, nimmt nur ein großes Handtuch und geht runter zum Strand. Es ist nicht weit, doch der versteckte Weg führt durch Macchia und einen Pinienhain, und nach zehn, fünfzehn Minuten erst hat Frau Huber ihr Ziel erreicht. Alle anderen sind schon weg, beim Abendessen in den Pensionen und Hotels, rot glühend von der Sonne. Frau Huber aber und ein junges Paar sind unter sich, sie winkt ihnen zu, sie bemerken es kaum, so geblendet und träge sind sie von sich und vom schimmernden Wasserspiel. Und Frau Huber kommt es vor, als würde sie sich selbst erblicken mit ihrem Mann vor langer, langer Zeit, als sie genau an derselben Stelle glücklich war. Kein Jetski ist zu hören, kein Kindergekreisch. Dann steigt sie ruhig die schroffen Felsen hinab ins kühle Wasser, sucht mit den Händen Halt, meidet die Seeigel – und stößt sich ab. Ganz ruhig schwimmt sie hinaus mit ihren Erinnerungen und einem guten Gefühl, als wäre es das Selbstverständlichste auf der Welt, ein kleines Haus am Meer zu haben.